Desarrolla tus "Habilidades Sociales"
Volumen 2

José Ignacio Méndez

Desarrolla tus Habilidades Sociales

Volumen 2

José Ignacio Méndez

© 2026, Todos los derechos reservados

Tabla de contenido

Desarrolla tus Habilidades Sociales 2

PRÓLOGO: De la Supervivencia a la Maestría 10

El Segundo Paso del Viaje 10

El Salto al "Otro": Por qué este volumen es donde se gana la guerra 11
El Mentor vs. El Gurú de Instagram 11
El Estoicismo: Nuestra Armadura en el Siglo XXI 12
Lo que nos espera: El Mapa de la Maestría 13
La Ciencia detrás del Magnetismo 14
El Compromiso del Lector 15

INTRODUCCIÓN: El Dividendo Social en la Era de la Desconexión 17

1. El Coste Invisible de la Ineptitud Social 18
2. El Desierto Digital y el "Analfabetismo Emocional" 19
3. El Coaching: Tu Entrenamiento de Fuerzas Especiales 20
4. La Armadura Estoica ante la Opinión Ajena 21
5. Humor e Ironía: Las Herramientas del Sabio 21
6. Lo que este Volumen 2 va a exigir de ti 22
7. Hacia la Maestría Interpersonal 23

CAPÍTULO 1: Habilidades interpersonales (continuación) 24

Cómo generar confianza y construir Rapport con las personas .. 24

1. El Rapport: El Wi-Fi biológico de la conexión 25
2. La Confianza: El pegamento de las sociedades 26
3. Los tres pilares de la Confianza (Según el modelo de la pirámide) 27
4. La Escucha Activa de Nivel 3: El superpoder 28
5. Estoicismo aplicado al Rapport: La Ataraxia social 29
6. La vulnerabilidad como acelerador de confianza 29
7. Ironía y Humor: El lubricante social 30

8. Esquema de la ingeniería de la Confianza 31
9. El peligro de la manipulación: Influencia vs. Engaño 31
Conclusión del capítulo.. 32

CAPÍTULO 2: Técnicas para influir y persuadir de manera ética 33

1. Persuasión vs. Manipulación: La frontera ética 34
2. La Ciencia de la Decisión: El cerebro que compra..................... 35
3. Los 6 Pilares de la Influencia (El legado de Cialdini adaptado) 35
4. El Lenguaje de la Persuasión: Palabras que abren puertas 38
5. La Dicotomía del Control en la Persuasión................................ 39
6. Ironía contra la Resistencia: El humor como desarmador 40
7. Ejercicios Prácticos: Entrena tu influencia 40
Conclusión del bloque 41

CAPÍTULO 3: Oratoria de Alto Impacto 42

El Escenario como Amplificador de tu Voz 42

1. La Neurociencia del Pánico Escénico: El "Hacker" de tu sistema 43
2. El Mensaje: Si no puedes explicarlo en una servilleta, no lo digas 44
3. El Poder de la Narrativa (Storytelling): Por qué las historias nos hackean 45
4. La Voz y el Cuerpo: Tu instrumento de influencia 45
5. La Dicotomía del Control en el Escenario 46
6. Oratoria Digital: El reto de la pantalla 47
7. Manejo de Preguntas y Situaciones Difíciles 47
8. Ironía y Humor: Romper el hielo sin resbalar 48
9. Ejercicios de Entrenamiento: El Gimnasio de la Voz 49
Conclusión del Capítulo 49

CAPÍTULO 4: El trabajo en equipo y la colaboración efectiva . 51

1. El mito del Genio Solitario vs. La Realidad Tribal 51
2. La base biológica: Oxitocina y Seguridad Psicológica 52
3. Las 5 Disfunciones de un Equipo (y cómo evitarlas) 53
4. El Rol del Líder: El Facilitador, no el Dictador 54
5. Diversidad de Pensamiento: El valor de ser diferentes 55
6. Comunicación Asertiva en la Colaboración 56

7. El fin de las reuniones que son una pérdida de tiempo 56
8. Estoicismo Colectivo: El bien común 57
9. Ejercicios Prácticos para fortalecer tu Equipo 58
Conclusión del capítulo 58

CAPÍTULO 5: Habilidades Sociales "Puertas Adentro" 60
El Arte de Convivir sin Matar a Nadie 60
1. La Neurobiología del Hogar: Del "Modo Alerta" al "Modo Seguro" 61
2. La Comunicación "Yo" vs. La Comunicación "Tú" 62
3. La "Cuenta Bancaria Emocional" en la Familia 63
4. Gestionando el Conflicto sin Cadáveres Emocionales 64
5. Habilidades Sociales con los "Mayores" y los "Pequeños" 64
6. La Logística Doméstica como Acto de Comunicación 65
7. Ironía y Humor: El Desatascador de Tensiones 66
8. Ejercicios Prácticos de Maestría Doméstica 66
Conclusión del Capítulo 67

CAPÍTULO 6: La Maestría de lo Trivial 69
El "Small Talk" y las interacciones con desconocidos 69
1. La Neurobiología del Desconocido: El "radar" de confianza 70
2. El Arte de la Observación: Tu material de construcción 71
3. Técnicas para iniciar la charla sin parecer un psicópata 71
4. La Técnica de la "Información Libre" (Free Information) 72
5. Cómo salir de la conversación con elegancia 73
6. El Estoicismo en el Ascensor: Gestión de la expectativa 74
7. Ironía y Humor: Desarmando lo absurdo 74
8. Ejercicios de "Gimnasio Social Mundano" 75
Conclusión del Capítulo 75

CAPÍTULO 7: Networking con Alma 77
Construyendo tu Capital Social 77
1. La Ley del Capital Social: Tu verdadero patrimonio 77
2. El "Súper-Conector": Deja de pedir y empieza a dar 78
3. El Elevator Pitch Social: Quién eres cuando no dices tu cargo 79
4. Networking Digital vs. Cara a Cara: El equilibrio maestro 80

5. La Dicotomía del Control en los Eventos Sociales 80
6. El Seguimiento (Follow-up): Donde se mueren las relaciones 81
7. Ironía y el "Club de los Ególatras" 82
8. La Ética del Networking: No seas un parásito social 82
9. Ejercicios para construir tu Red desde mañana 83
Conclusión del capítulo 83

CAPÍTULO 8: El Protocolo Social del Siglo XXI 85

Cómo navegar Cenas, Bodas y Eventos sin morir de vergüenza ..85
1. La Neurociencia del Orden Social: Por qué necesitamos las reglas.... 86
2. La Invitación: El contrato sagrado 87
3. La Estética como Respeto: No es vanidad, es mensaje 88
4. La Mesa: El campo de batalla de la elegancia 88
5. El Smartphone: El invitado fantasma 89
6. La Conversación Social: Evitando las "minas" 90
7. El Alcohol: El test de integridad 91
8. La Elegancia en la Salida: El arte de irse a tiempo 91
9. Ironía y el "Postureo" Social 92
10. Ejercicios de Entrenamiento de Etiqueta 93
Conclusión del Capítulo 93

CAPÍTULO 9: Superando obstáculos y desafíos 95

Cómo afrontar la timidez y la ansiedad social 95
1. La Biología del Pánico: El error de cálculo de tu amígdala 95
2. Timidez vs. Ansiedad Social: No los confundas 97
3. El Efecto Foco: No eres el centro del universo (y es una buena noticia)
.... 98

MANEJANDO EL MIEDO AL RECHAZO Y LAS CRÍTICAS 99
1. La Dicotomía del Control ante el Rechazo 99
2. La Crítica: Cómo distinguir el abono de la basura 100

SUPERANDO LA COMUNICACIÓN NEGATIVA Y LOS PATRONES DE PENSAMIENTO DESTRUCTIVOS 101
1. Los Saboteadores Cognitivos 101
2. Reestructuración Cognitiva: Hackea tu diálogo interno 102

ESTRATEGIAS PARA LIDIAR CON PERSONAS DIFÍCILES Y SITUACIONES CONFLICTIVAS 103
   1. Aikido Verbal: El arte de no chocar 103
   2. Estableciendo Límites Estoicos 104

FORTALECIENDO LA AUTOESTIMA Y LA AUTOCONFIANZA 105
   1. La Autoestima no es lo que crees 105
   2. El Diario de Éxitos y la Disciplina 105
   Conclusión del capítulo 106

CAPÍTULO 10: Negociación en la Vida Real 108

El Arte de llegar a Acuerdos sin perder la Paz 108
   1. El mito del "Tiburón" vs. El Negociador Diamond 109
   2. El "No" como punto de partida, no como final 109
   3. La Empatía Táctica: Entrar en el mapa del otro 110
   4. Intereses vs. Posiciones: No pelees por la naranja 111
   5. La Dicotomía del Control en la Mesa de Negociación 112
   6. El Lenguaje de la Negociación: Menos afirmaciones, más preguntas 112
   7. Ironía y el "Regateo Emocional" 113
   8. La Ética del Acuerdo: El legado que dejas 114
   9. Ejercicios para entrenar tu capacidad de Negociación 114
   Conclusión del capítulo 115

CAPÍTULO 11: EL PLAN DE ENTRENAMIENTO "DIAMOND" ... 117

De la Teoría a la Calle 117
   1. La Neurociencia del Hábito Social: ¿Por qué cuesta tanto cambiar? 118
   2. Estableciendo Metas SMART: Deja de "intentarlo" y empieza a "hacerlo" 119
   3. La Escalera de Exposición: Venciendo la Ansiedad Social 120
   4. El Diario de Campo 121
   5. El Rol del Coaching en tu Progresión 121
   6. La Dicotomía del Control como Seguro de Vida 122
   7. El Compromiso de los 30 Días 123

CAPÍTULO 12: La maestría social 124

Tu Identidad 124
    1. Más allá de las técnicas: La Identidad 124
    2. El Liderazgo Diamond: Elevar a los demás 125
    3. El Legado: Relaciones que dejan huella 125
    4. El Viaje Continúa 126

GLOSARIO DE MAESTRÍA SOCIAL (VOLUMEN 2) 127

SOBRE EL AUTOR: José Ignacio Méndez 132

La Filosofía detrás del hombre 132
    1. 1993-2026: Tres décadas de evolución constante 132
    2. La Identidad Diamond: Rigor, Brillo y Resistencia 133
    3. La Forja Diaria: El Hierro como Maestro de Vida 134
    4. Cicatrices que Enseñan: Resiliencia en Tiempo Real 135
    5. Un Mentor con Ironía y Criterio 135
    6. Tu conexión directa conmigo 136
    Conclusión final 136

BIBLIOGRAFÍA RECOMENDADA 138

PRÓLOGO: De la Supervivencia a la Maestría

El Segundo Paso del Viaje

Si tienes este libro en tus manos, quiero que te des una palmada en la espalda (metafórica, no hace falta que parezcas un loco en la librería o en tu salón). Has sobrevivido al Volumen 1. Has mirado en el espejo de tu propio autoconocimiento, has identificado tus fortalezas y debilidades, y has empezado a entender que tu cerebro es un modelo de la Edad de Piedra intentando navegar en una era de fibra óptica.

Pero déjame decirte algo con la honestidad brutal que nos caracteriza: saber quién eres es solo el calentamiento. No sirve de nada conocer a la perfección la biomecánica del press banca si nunca te tumbas bajo la barra. No sirve de nada entender tus valores y tu inteligencia emocional si, en el momento en que sales a la calle y te enfrentas a un jefe autoritario, a una pareja que no te comprende o a una sala llena de desconocidos, te conviertes en un charco de sudor y dudas.

En el primer volumen pusimos los cimientos. En este segundo volumen, vamos a construir el edificio. Y no cualquier edificio, sino un baluarte de influencia, carisma y resiliencia social.

El Salto al "Otro": Por qué este volumen es donde se gana la guerra

Si el primer libro trataba sobre el "Yo", este trata sobre el "Nosotros". Y aquí es donde la mayoría de la gente se estrella. Es fácil ser asertivo cuando estás solo meditando; lo difícil es serlo cuando el de enfrente te está gritando o cuando te han dejado "en visto" por quinta vez y tu amígdala te está gritando que el mundo se acaba.

Como suelo decir en mis sesiones de coaching desde hace más de treinta años, el ser humano es un animal social por castigo divino y por necesidad biológica. No estamos diseñados para la soledad. La neurociencia es clara: el aislamiento social activa las mismas áreas del cerebro que el dolor físico. Sí, has leído bien. Un desplante duele como un martillazo en el dedo porque, para tu cerebro primitivo, ser excluido de la tribu era sinónimo de muerte.

Pero aquí no hemos venido a sobrevivir. Hemos venido a reinar en nuestras interacciones.

El Mentor vs. El Gurú de Instagram

Antes de seguir, hagamos un pacto. Yo no soy un gurú de esos que salen en anuncios de YouTube prometiéndote que vas a seducir a todo el mundo en tres segundos con "frases mágicas". Si buscas trucos de manipulación barata, mejor cierra este libro y cómprate un manual de magia para niños. Aquí hablamos de **Coaching Esencial**.

Hablamos de una transformación que nace de la coherencia. Yo soy José Ignacio Méndez, y llevo en las trincheras del desarrollo personal desde 1993. He visto pasar modas, métodos milagrosos y aplicaciones que prometían conectarnos más mientras nos hacían más solitarios. He visto llorar a ejecutivos de éxito porque no sabían cómo hablar con sus hijos, y he visto a personas tímidas convertirse en líderes magnéticos simplemente aprendiendo a gestionar su presencia.

No soy psicólogo. Y lo digo con orgullo y respeto hacia esa profesión. Mi enfoque no es la arqueología del trauma, sino la arquitectura del futuro. No me importa tanto por qué te da miedo hablar en público como qué vamos a hacer hoy mismo para que levantes la voz y tu mensaje tenga peso. Este libro es un manual de entrenamiento para el "atleta social" que llevas dentro, pero que todavía está usando ropa de calle.

El Estoicismo: Nuestra Armadura en el Siglo XXI

En estas páginas vamos a beber mucho de los grandes maestros. Epicteto, ese esclavo que se convirtió en el profesor más influyente de su tiempo, nos dejó la clave de la libertad social: la **Dicotomía del Control**.

En tus relaciones, no controlas lo que el otro piensa de ti, no controlas si te van a dar ese ascenso y no controlas si esa persona especial te va a devolver la sonrisa. Lo único que controlas es tu intención, tus valores y tu capacidad para responder en lugar de reaccionar. El estoicismo no es ser una piedra fría; es ser el dueño de tu propio mando a distancia emocional.

Mucha gente vive con el mando a distancia de su felicidad en manos de los demás. Si les halagan, están felices; si les critican, se hunden. ¡Vaya forma de vivir! En este Volumen 2, vamos a recuperar ese mando. Vamos a aprender que la opinión ajena es un "indiferente preferible", pero nunca la medida de tu valía.

Lo que nos espera: El Mapa de la Maestría

A lo largo de este volumen, vamos a profundizar en las **Habilidades Interpersonales** de alto nivel. Vamos a diseccionar el **Rapport** —ese hilo invisible que conecta a dos personas— y a entender por qué a veces conectamos con alguien en tres segundos y con otros no lo haríamos ni en tres vidas.

Hablaremos de **Influencia y Persuasión Ética**. Sí, has oído bien. Influir no es malo; es necesario. Si tienes un buen proyecto, si eres un buen padre o si tienes una idea que puede mejorar tu empresa, tienes la obligación moral de saber "venderla". De lo contrario, dejarás el espacio libre para los que no tienen escrúpulos pero sí tienen mejores habilidades comunicativas que tú.

Abordaremos los **Obstáculos y Desafíos**. La timidez, la ansiedad social y ese miedo al rechazo que nos paraliza. Vamos a tratar a la ansiedad social como lo que es: un error de software de un cerebro que intenta protegerte de peligros que ya no existen. Y lo haremos con humor, porque nada desarma más al miedo que una buena dosis de ironía.

Finalmente, entraremos en la **Práctica Real**. Metas SMART, planes de acción y la importancia de la retroalimentación. Porque el conocimiento sin acción es solo entretenimiento para el ego.

La Ciencia detrás del Magnetismo

No nos vamos a quedar en las "buenas vibraciones". Vamos a fundamentar cada paso. Hablaremos de las **Neuronas Espejo** y de cómo tu lenguaje corporal puede hackear el sistema nervioso de tu interlocutor. Mencionaremos la **Teoría Polivagal** para entender por qué tu voz puede calmar una discusión o encender una guerra.

Citaremos estudios reales, como los de **Albert Mehrabian** sobre la importancia de lo no verbal, o las investigaciones de **Daniel Goleman** que demuestran que el CI (Cociente Intelectual) te consigue el trabajo, pero el CE (Cociente Emocional) y tus habilidades sociales son las que te consiguen el ascenso y la felicidad.

El Compromiso del Lector

Este libro no se lee, se entrena. Te voy a pedir que seas valiente. Te voy a pedir que salgas de tu zona de confort, ese lugar cómodo donde nunca pasa nada interesante. Te voy a pedir que seas el "científico" de tu propia vida y que pruebes las técnicas que aquí te propongo.

Habrá momentos en los que te rías (normalmente de ti mismo y de tus torpezas sociales, como yo me río de las mías) y momentos en los que te sientas incómodo. ¡Bien! La incomodidad es el síntoma de que estás creciendo. Como suelo decir en mis formaciones: si no te pica un poco el ego, es que no estás aprendiendo nada nuevo.

Bienvenido al Volumen 2. Bienvenido al campo de entrenamiento de la élite social. Si en el Volumen 1 aprendiste a caminar, aquí vas a aprender a bailar en mitad de la tormenta.

¿Estás listo para dejar de ser invisible? ¿Para que tu presencia se sienta antes de que abras la boca? ¿Para construir vínculos que no se rompan ante el primer malentendido?

Toma asiento, sírvete otro café y prepárate. El viaje continúa, y esta vez, vamos a por todas.

Como decía Marco Aurelio: *"La mejor venganza es no ser como ellos"*. No seas como la masa distraída, desconectada y temerosa. Sé un Coach de tu propia vida.

Empezamos.

INTRODUCCIÓN: El Dividendo Social en la Era de la Desconexión

Párate un momento. Si tienes este libro es porque, de alguna manera, sientes que el mundo se está volviendo un lugar más frío, más rápido y, paradójicamente, más solitario. En el Volumen 1 pusimos los cimientos: hablamos de quién eres tú, de tus valores y de cómo tu cerebro intenta protegerte de leones que ya no existen. Pero ahora, vamos a cruzar la frontera. Vamos a hablar de lo que ocurre cuando sales de tu "fortaleza interior" y te lanzas a la arena con los demás.

Llevo en esto desde 1993. He visto cómo la tecnología pasaba de ser una herramienta de ayuda a convertirse en el muro que nos separa. Hoy, la gente tiene miles de "seguidores" pero nadie a quien llamar cuando se le avería el coche a las tres de la mañana. Hemos ganado en "contactos" pero hemos perdido en "conexión". Esta introducción no es solo un preámbulo; es el manifiesto de por qué aprender habilidades sociales hoy es el acto de rebeldía más necesario y rentable que puedes realizar.

1. El Coste Invisible de la Ineptitud Social

Mucha gente cree que tener malas habilidades sociales es simplemente ser "un poco cortado". ¡Menuda ceguera! La ineptitud social tiene un coste económico, físico y emocional devastador. En mis sesiones de coaching, veo a profesionales brillantísimos, tíos que son unos hachas en su campo técnico, pero que están estancados en el mismo puesto desde hace diez años. ¿Por qué? Porque no saben gestionar un conflicto, porque no saben leer el lenguaje corporal de su jefe o porque les da un microinfarto cada vez que tienen que hacer una presentación.

El Dividendo Social: Desarrollar estas habilidades es como invertir en un fondo que no deja de dar intereses.

- **En lo profesional:** La Fundación Carnegie lo dejó claro en un estudio que siempre cito: el 85% del éxito financiero proviene de tu personalidad y de tu capacidad para comunicar, negociar y liderar. Solo el 15% proviene de tus conocimientos técnicos. Si no trabajas este volumen, estás operando al 15% de tu potencia. Es como tener un Ferrari y conducirlo siempre en primera.
- **En lo biológico:** Aquí es donde entra la ciencia. No soy psicólogo, soy tu mentor, y por eso te hablo de datos. Las interacciones sociales mediocres o conflictivas mantienen tu **cortisol** (la hormona del estrés) por las nubes. El cortisol crónico inflama tus células, debilita tu sistema inmune y te envejece. Por el contrario, una conexión real libera **oxitocina**. La

oxitocina es el pegamento de la sociedad y el bálsamo para tu corazón. Literalmente, aprender a llevarte bien con los demás te alarga la vida.

2. El Desierto Digital y el "Analfabetismo Emocional"

En el PDF original hablo de la importancia de estas habilidades en el mundo actual. Pero vamos a profundizar en la herida. Estamos viviendo en lo que yo llamo el "Desierto de Cristal". Nos miramos a través de pantallas, nos evaluamos por *likes* y creemos que estamos conectados porque vemos la foto de lo que el otro ha cenado.

Esto ha generado un atrofiamiento masivo de nuestras neuronas espejo. Como no nos vemos cara a cara, nuestro cerebro deja de practicar la lectura de microexpresiones. Nos estamos volviendo "ciegos sociales". La gente ya no sabe gestionar un silencio de cinco segundos sin sacar el móvil. Les aterra la presencia pura.

Este Volumen 2 es tu manual de rescate. Vamos a recuperar la capacidad de influir, de persuadir y de construir Rapport en un mundo que se ha olvidado de cómo hacerlo. Si dominas lo que vamos a ver aquí, tendrás una ventaja injusta sobre el resto. En un mundo de zombis digitales, el hombre que sabe mirar a los ojos y conectar de verdad es el rey.

3. El Coaching: Tu Entrenamiento de Fuerzas Especiales

¿Por qué coaching y no simplemente leer consejos en un blog? Porque el coaching es **acción y responsabilidad**. La psicología a veces se pierde en el "por qué" de las cosas (que está muy bien, pero a menudo no te mueve del sitio). El coaching, y más el de mi escuela, se enfoca en el "para qué" y en el "cómo".

Mi papel aquí no es darte palmaditas en la espalda. Como Coach, mi trabajo es ser el espejo que no te miente. Todos tenemos "puntos ciegos": gestos que nos hacen parecer arrogantes sin serlo, tonos de voz que invitan al conflicto o una falta de escucha que grita "mi ego es más grande que mi interés por ti".

El Método de la Trinchera: En este libro no vamos a filosofar sobre la paz mundial. Vamos a trabajar la **neuroplasticidad**. Cada técnica que te propongo es una repetición en el gimnasio de tu cerebro. Al principio te costará, como cuesta la primera serie de sentadillas pesadas. Sentirás que "no eres tú", que es forzado. Pero es ahí donde la mielina empieza a recubrir tus neuronas, creando una autopista donde antes solo había un sendero de cabras. Con la práctica, la excelencia social dejará de ser un esfuerzo para convertirse en tu estado natural.

4. La Armadura Estoica ante la Opinión Ajena

No podemos hablar de habilidades sociales sin hablar de libertad. La mayoría de la gente es esclava de la opinión de los demás. Entran en una sala y su felicidad depende de si les sonríen o les ignoran. ¡Qué forma más miserable de vivir!

Recurrimos a **Epicteto**: *"El hombre no está preocupado tanto por los problemas reales como por sus ansiedades imaginarias sobre los problemas reales"*. En este volumen vamos a aplicar la **Dicotomía del Control**. Tú controlas tu asertividad, tu Rapport y tu integridad. No controlas la respuesta del otro. Si tú haces un despliegue de maestría social y el de enfrente es un maleducado, eso no dice nada de ti y lo dice todo de él. Aprenderás a mantener tu **ataraxia** (tu paz interior) blindada. Tu valor es intrínseco, no es un saldo que los demás te conceden o te quitan.

5. Humor e Ironía: Las Herramientas del Sabio

Si te tomas la vida social con una seriedad solemne, vas a fracasar. Las personas somos complejas, contradictorias y, a menudo, ridículas. Yo el primero. El humor es la distancia más corta entre dos personas. Una ironía elocuente sobre lo absurdo de una situación puede desactivar una bomba nuclear emocional en una oficina.

Aprenderemos a usar el sarcasmo como un bisturí, no como un mazo. El humor demuestra que tienes el control, que no te sientes amenazado. Es la señal máxima de estatus social: el hombre que puede reírse de sí mismo y de la situación es el hombre que domina la sala.

6. Lo que este Volumen 2 va a exigir de ti

Como ya te dije en el Volumen 1, aquí no se viene a pasar el rato. Si buscas entretenimiento, vete a Netflix. Si buscas transformación, prepárate para la incomodidad.

- **Te voy a pedir que seas un observador implacable:** Vas a empezar a ver hilos invisibles en cada conversación. Vas a detectar cuándo alguien te intenta manipular y cuándo alguien tiene miedo aunque intente parecer fuerte.
- **Te voy a pedir que experimentes:** Este libro es un laboratorio. Lo que aprendas hoy, lo tienes que probar mañana con el panadero, con tu jefe o con tu pareja.
- **Te voy a pedir que dejes de ser una víctima:** Se acabó el "es que yo soy tímido" o "es que la gente es mala". Eres el arquitecto de tus interacciones. Si el edificio se cae, revisamos los planos y volvemos a construir.

7. Hacia la Maestría Interpersonal

En las páginas que siguen, vamos a profundizar en las **Habilidades Interpersonales**. Veremos cómo generar **Rapport** de forma que la gente sienta que te conoce de toda la vida. Entraremos en la **Persuasión Ética**, porque si tienes algo bueno que aportar, tienes la obligación moral de saber convencer a los demás.

Abordaremos los **Obstáculos**: la timidez, la ansiedad y ese miedo al rechazo que es el mayor asesino de sueños de la historia. Y lo haremos con base científica, mencionando las **neuronas espejo**, el **nervio vago** y cómo la **teoría polivagal** explica por qué tu voz puede ser una caricia o un latigazo.

Como mentor cercano, te digo: el viaje que empezamos en el primer libro llega aquí a su fase de máxima potencia. Ya no estás solo; tienes las herramientas y me tienes a mí en cada página.

Como decía Séneca: *"No hay árbol recio ni consistente sino aquel que el viento azota con frecuencia"*. Vamos a dejar que los vientos de la interacción social te azoten, no para derribarte, sino para que tus raíces se hundan más profundo en la tierra de la confianza y el liderazgo.

¿Estás listo para dejar de ser un aficionado y convertirte en un profesional de lo humano?

CAPÍTULO 1: Habilidades interpersonales (continuación)

Cómo generar confianza y construir Rapport con las personas

¿Alguna vez te ha pasado que conoces a alguien y, a los cinco minutos, sientes que podrías contarle tu vida entera? Es esa sensación mágica de "clicar" con otra persona, como si vuestras frecuencias de radio se hubieran sintonizado de repente. Y, por el contrario, todos hemos tenido esa conversación con alguien donde cada palabra parece un esfuerzo sobrehumano, como si estuviéramos intentando atravesar un muro de hormigón con una cuchara de postre.

En el Volumen 1 hablamos largo y tendido sobre el autoconocimiento. Ya sabes quién eres y cómo te sabotea tu cerebro. Pero ahora, vamos a cruzar el puente. Vamos a hablar de cómo entrar en el mundo del otro sin que salten sus alarmas. Vamos a hablar del **Rapport** y de la **Confianza**, los dos pilares sobre los que se construye cualquier relación que valga la pena, ya sea para cerrar un negocio millonario o para que tu hijo adolescente deje de mirarte como si fueras un extraterrestre.

1. El Rapport: El Wi-Fi biológico de la conexión

La palabra "Rapport" viene del francés *rapporter* (traer de vuelta). En el mundo del coaching, lo definimos como ese estado de sintonía en el que la comunicación fluye sin resistencias. Pero no te equivoques: el Rapport no es "caer bien". El Rapport es una sincronización biológica.

Cuando dos personas están en Rapport profundo, ocurre algo fascinante: sus ritmos biológicos se acompasan. Sus pupilas se dilatan al mismo tiempo, su respiración se sincroniza y sus gestos se vuelven un espejo el uno del otro. Es lo que yo llamo el **"Wi-Fi emocional"**.

La base científica: Las neuronas espejo Aquí es donde la neurociencia nos da la razón a los que llevamos años en las trincheras. En los años 90, un equipo de científicos italianos descubrió las **neuronas espejo**. Estas células se activan tanto cuando realizamos una acción como cuando vemos a otro realizarla. Son el fundamento de la empatía. Tu cerebro está constantemente "escaneando" al otro para entender sus intenciones. Si tu lenguaje corporal dice una cosa y tus palabras dicen otra, el cerebro del otro detecta la incongruencia y cierra la puerta de la confianza.

El "Acompasamiento" (Pacing): El arte de bailar sin pisar Para generar Rapport, el primer paso es el acompasamiento. Imagina que la comunicación es un baile. Si yo entro a bailar breakdance mientras tú estás bailando un vals, nos vamos a dar un golpe en los primeros diez segundos.

- **Sintonía no verbal:** No se trata de imitar al otro como un mono de feria (eso se nota y es patético). Se trata de adoptar sutilmente su postura, su energía y su ritmo respiratorio. Si la otra persona está relajada y habla despacio, y tú entras como un elefante en una cacharrería hablando a mil por hora, el Rapport muere antes de nacer.
- **Sintonía paraverbal:** Esto es clave. El tono, el volumen y la velocidad de la voz. Si alguien te habla con un tono pausado y tú respondes con estridencia, estás rompiendo la sintonía.

2. La Confianza: El pegamento de las sociedades

Si el Rapport es la sintonía, la confianza es el terreno sobre el que caminas. Sin confianza, no hay influencia. Punto. Puedes tener el mejor producto del mundo o el consejo más sabio, que si no confían en ti, tus palabras son solo ruido estático.

La metáfora de la Cuenta Bancaria Emocional Me gusta usar la analogía que popularizó Stephen Covey, pero llevada al terreno del coaching de impacto. Cada relación es una cuenta bancaria.

- **Ingresos:** Cumplir promesas, escuchar sin juzgar, ser puntual, admitir errores (esto último es un ingreso masivo de saldo).
- **Retiradas:** Criticar por la espalda, mentir, ser incongruente o dar consejos que nadie ha pedido.

El problema de mucha gente es que intenta hacer una "retirada" (pedir un favor, influir en una decisión) cuando su cuenta está en números rojos. Y ahí es cuando aparecen los conflictos. Como mentor, te digo: si quieres que confíen en ti, empieza a ingresar saldo antes de que necesites sacar nada.

3. Los tres pilares de la Confianza (Según el modelo de la pirámide)

Para que alguien confíe en ti, su cerebro necesita chequear tres cajas de forma inconsciente. Si falta una, el edificio se cae.

1. **Sinceridad (¿Dices la verdad?):** No me refiero solo a no mentir. Me refiero a la coherencia entre lo que piensas, lo que dices y lo que haces. El "sincericidio" no es virtud, pero la falsedad es el cáncer de las relaciones.
2. **Competencia (¿Sabes de lo que hablas?):** Si me dices que me vas a ayudar a mejorar mis habilidades sociales pero tú eres incapaz de mantener el contacto visual, tu competencia es nula. La confianza requiere que el otro crea que tienes la capacidad técnica para lo que propones.
3. **Benevolencia (¿Te importo de verdad?):** Este es el pilar que más fallos genera. La otra persona necesita sentir que tus intenciones son buenas para ella, no solo para ti. Si noto que solo

me escuchas para venderme algo, mi amígdala se pone en modo "defensa" y la confianza se evapora.

4. La Escucha Activa de Nivel 3: El superpoder

En el Volumen 1 hablamos de la escucha, pero aquí vamos a subir el nivel. La mayoría de la gente escucha en el **Nivel 1** (escuchar para responder): están esperando a que el otro cierre la boca para soltar su anécdota o su consejo. Otros escuchan en el **Nivel 2** (escucha enfocada): prestan atención a las palabras.

Pero el profesional de las relaciones escucha en el **Nivel 3: Escucha Global**.

- Escuchas lo que se dice.
- Escuchas lo que **no** se dice (el lenguaje corporal, la tensión en la mandíbula, el brillo en los ojos).
- Escuchas el "campo" emocional.

Técnica de validación: El eco empático Cuando alguien te cuenta un problema, no digas "yo que tú haría...". Eso es una falta de respeto a su proceso. Di: *"Si te he entendido bien, lo que sientes es [Emoción] porque [Hecho], ¿es así?"*. Al hacer esto, el otro se siente validado. Y una persona validada es una persona que te abre las puertas de su confianza de par en par.

Recuerda, **validar no es dar la razón**, es reconocer la realidad emocional del otro.

5. Estoicismo aplicado al Rapport: La Ataraxia social

Aquí es donde mi vena estoica sale a relucir. Muchos me preguntáis: *"Jose, ¿qué pasa si intento generar Rapport y el otro es un borde integral?"*. Mi respuesta es sencilla: **Dicotomía del Control**.

Tú controlas tu comportamiento, tu apertura y tu técnica. El resultado —si el otro decide abrirse o no— es un "indiferente preferible". Si tú has hecho tu parte con integridad y técnica, tu éxito es total, independientemente de la respuesta ajena. No permitas que la mala educación de otro rompa tu **ataraxia** (tu paz mental). El estoico entra en la interacción social como el arquero: pone todo su empeño en apuntar bien, pero sabe que una ráfaga de viento puede desviar la flecha. Tu valor no depende de la diana, sino de la excelencia de tu tiro.

6. La vulnerabilidad como acelerador de confianza

Aquí es donde nos diferenciamos de los gurús de la "perfección". Creemos que para que confíen en nosotros debemos parecer invulnerables, como si fuéramos superhéroes que nunca se equivocan. ¡Error garrafal!

La perfección aleja; la vulnerabilidad acerca. Ojo, no te digo que vayas llorando por las esquinas contando tus películas a todo el mundo (eso sería una falta de inteligencia social brutal). Te digo que tengas la fuerza de reconocer tus errores y tus dudas. Cuando tú bajas la guardia, el otro se siente seguro para bajar la suya. Como dice Brené Brown (aunque yo lo llevo al terreno del coaching), la vulnerabilidad es el lugar donde nace la conexión real.

7. Ironía y Humor: El lubricante social

No hay nada que genere más Rapport que una risa compartida. El humor demuestra inteligencia, agilidad mental y, sobre todo, que no te tomas demasiado en serio a ti mismo.

- **La autocrítica elegante:** Reírte de tus propias torpezas te hace humano y accesible.
- **El sarcasmo inteligente:** Úsalo con cuidado, como el picante en la comida. Un poco realza el sabor; demasiado quema la lengua. Úsalo para señalar lo absurdo de una situación, nunca para humillar al otro.

8. Esquema de la ingeniería de la Confianza

Para que lo visualices mejor, he diseñado este esquema mental que puedes aplicar en cualquier conversación (imagina esto como un diagrama de flujo en tu mente):

1. **Presencia:** ¿Estoy aquí al 100% o estoy pensando en mi lista de la compra?
2. **Sincronización:** ¿Mi cuerpo y mi voz están en la misma frecuencia que el otro? (Acompasamiento).
3. **Escucha de Nivel 3:** ¿Qué me está diciendo más allá de sus palabras?
4. **Validación:** ¿He reconocido su estado emocional?
5. **Apertura:** ¿He mostrado un ápice de mi propia humanidad?

9. El peligro de la manipulación: Influencia vs. Engaño

Quiero dejar esto muy claro: yo **NO SOY PSICÓLOGO**, y este no es un manual para manipular mentes. Hay una línea muy delgada entre generar Rapport para ayudar a una persona (Influencia) y generar Rapport para aprovecharte de ella (Manipulación).

- El influenciador busca el **Ganar-Ganar**.
- El manipulador busca el **Ganar-Perder**.

Si usas estas técnicas sin una base ética sólida, te convertirás en un vendedor de humo. Y el humo, tarde o temprano se disipa y deja a la vista la miseria del que lo vende. Como Coach, mi ética es mi mayor activo. Asegúrate de que la tuya también lo sea.

Conclusión del capítulo

Generar confianza no es un truco de magia. Es una disciplina que requiere atención, humildad y una base científica sólida. Cuando entiendes que el Rapport es una danza biológica y que la confianza se gana en los pequeños detalles diarios, dejas de "intentar gustar" y empiezas a "conectar de verdad".

Recuerda: la gente olvidará lo que dijiste, incluso olvidará lo que hiciste, pero jamás olvidará cómo la hiciste sentir. El Rapport es el arte de hacer que la otra persona se sienta vista, escuchada y comprendida.

En la siguiente sección, vamos a dar un paso más. Una vez que tenemos la confianza y el Rapport, ¿cómo logramos que los demás sigan nuestras ideas? Vamos a hablar de las **Técnicas para Influir y Persuadir de manera ética**. Prepárate, porque vamos a entrar en el terreno de la maestría comunicativa.

CAPÍTULO 2: Técnicas para influir y persuadir de manera ética

Hablemos claro: cada vez que abres la boca, estás intentando influir en alguien. Cuando le pides a tu pareja que elija ese restaurante japonés que tanto te gusta, estás persuadiendo. Cuando intentas convencer a tu jefe de que tu proyecto es el más rentable, estás persuadiendo. Incluso cuando te miras al espejo y te dices que hoy vas a ir al gimnasio aunque llueva, te estás persuadiendo a ti mismo.

Mucha gente tiene una alergia instintiva a la palabra "persuasión". Creen que es algo oscuro, propio de vendedores de coches usados con traje barato o de políticos en campaña. ¡Menuda soberbia! Si tienes una buena idea, un valor sólido o un proyecto que puede ayudar a otros y no sabes cómo persuadir, estás cometiendo una negligencia. Estás dejando que los que tienen peores intenciones, pero mejores habilidades sociales, ganen la partida. En este Volumen 2 vamos a aprender a usar el martillo de la persuasión para construir casas, no para romper cabezas.

1. Persuasión vs. Manipulación: La frontera ética

Como mentor tuyo, quiero que grabes esto a fuego: la diferencia entre un líder influyente y un manipulador de pacotilla no está en la técnica, sino en la **intención**.

- **Manipulación:** Busco mi beneficio a pesar del tuyo. Te oculto información, juego con tus miedos y te empujo a una decisión que te perjudica. Es el camino corto, y como todo camino corto en las relaciones humanas, acaba en un precipicio. Tarde o temprano te pillan, y tu reputación —tu activo más valioso— se va por el sumidero.
- **Influencia Ética:** Busco el beneficio mutuo (Ganar-Ganar). Te presento mi realidad de forma que veas cómo encaja con la tuya. Uso la psicología para que el mensaje llegue sin interferencias, pero siempre respetando tu libertad de elección.

Desde el punto de vista del coaching, influir es ayudar al otro a tomar una decisión que ya quería tomar, pero que no sabía cómo. Yo NO SOY PSICÓLOGO, pero sé que el ser humano es experto en ponerse zancadillas a sí mismo. Tu labor como comunicador influyente es quitar esas zancadillas del camino.

2. La Ciencia de la Decisión: El cerebro que compra

Para influir, tienes que entender cómo decide el cerebro de la persona que tienes delante. La neurociencia nos dice que tenemos dos sistemas (popularizados por Daniel Kahneman, aunque yo los bajo a la trinchera del coaching):

- **Sistema 1 (El Elefante):** Rápido, emocional, instintivo. Es el que toma el 95% de las decisiones. Si no conectas con este sistema, ya puedes traer un PowerPoint de 100 páginas lleno de datos, que no vas a conseguir nada.
- **Sistema 2 (El Jinete):** Lento, lógico, racional. Es el que justifica la decisión que el Sistema 1 ya ha tomado.

La persuasión ética habla al elefante para que se mueva y le da argumentos al jinete para que no se sienta culpable. Si solo hablas a la lógica, aburres. Si solo hablas a la emoción, pareces un charlatán. El equilibrio es lo que te da la autoridad.

3. Los 6 Pilares de la Influencia (El legado de Cialdini adaptado)

Robert Cialdini es el referente mundial en esto, y aunque su libro tiene años, sus principios son leyes universales de la conducta humana. Vamos a ver cómo los aplicamos tú y yo en el día a día.

A. Reciprocidad: El "debe" invisible

Estamos programados para devolver los favores. Si yo te invito a un café, tú sientes la necesidad de invitarme al siguiente. Es una ley de supervivencia tribal.

- **En la práctica:** Da primero. Aporta valor sin que te lo pidan. Ayuda a ese compañero sin esperar nada a cambio. Cuando llegue el momento en que necesites su apoyo, su cerebro le gritará que te lo debe. Pero ojo: hazlo de verdad. Si se nota que el favor es "con intereses", la reciprocidad se convierte en chantaje y el Rapport explota por los aires.

B. Autoridad: Por qué me escuchas a mí

La gente sigue a quienes percibe como expertos. Pero no me refiero a colgar títulos en la pared (que también ayuda). Hablo de la **Autoridad Percibida**.

- **En la práctica:** Habla con seguridad, mantén una postura abierta y usa datos fundamentados. Como autor de 25 libros y con más de 30 años de experiencia, mi autoridad nace de haber estado en la arena, no de haberlo leído en un blog. Tú debes proyectar esa misma solvencia en tu campo. El estoicismo nos enseña que la verdadera autoridad es el dominio de uno mismo. Si te dominas a ti, los demás te percibirán como alguien capaz de dominar la situación.

C. *Simpatía (Liking): El efecto espejo*

Es mucho más fácil decir "sí" a alguien que nos cae bien. Y nos cae bien la gente que se parece a nosotros, la que nos da cumplidos sinceros y la que colabora con nosotros.

- **En la práctica:** Usa el Rapport que aprendimos en el capítulo anterior. Busca puntos en común. No seas un adulador barato; busca algo que realmente admires del otro y dilo. La gente tiene un radar muy fino para detectar la falsedad, y nada repele más que un cumplido falso.

D. *Prueba Social: El rebaño inteligente*

Nuestra amígdala se relaja cuando ve que otros ya han tomado ese camino. "Si todos van por ahí, es que no hay leones".

- **En la práctica:** Usa testimonios, menciona casos de éxito o simplemente di: "Mucha gente en tu situación ha optado por esto". No es presión de grupo, es alivio cognitivo para el otro. Le estás quitando el peso de ser el primero en arriesgarse.

E. Consistencia y Compromiso: El poder del pequeño "sí"

A los humanos nos aterra parecer incoherentes. Si logras que alguien se comprometa con algo pequeño, es mucho más probable que acepte algo grande después.

- **En la práctica:** Empieza por acuerdos mínimos. "¿Estás de acuerdo en que necesitamos mejorar la productividad?". Si dice que sí, ya tienes el primer ladrillo. Luego es mucho más difícil que te diga que no al plan específico de mejora. Es la técnica del "pie en la puerta".

F. Escasez: El miedo a perder

Valoramos más lo que es escaso o lo que estamos a punto de perder. Los estoicos lo sabían bien: el tiempo es nuestro recurso más escaso.

- **En la práctica:** No se trata de crear falsas urgencias ("¡Solo hoy!"). Se trata de mostrar el coste de oportunidad. "¿Qué pasará si no tomas esta decisión ahora?". Ayuda al otro a ver que la inacción también tiene un precio.

4. El Lenguaje de la Persuasión: Palabras que abren puertas

El lenguaje no solo describe la realidad, sino que **la crea**. Hay palabras que actúan como llaves maestras en el cerebro humano:

- **"Porque"**: Los experimentos de Ellen Langer demostraron que la gente acepta mucho más una petición si se le da una razón, aunque la razón sea obvia. El cerebro necesita coherencia.
- **"Nombre del interlocutor"**: Es el sonido más dulce para cualquier persona. Úsalo, pero no abuses de él como un vendedor de telemarketing.
- **"Tú"**: Habla de sus beneficios, de su mundo, de sus problemas. Deja de hablar de "mi empresa", "mi libro", "mi método". Pasa al "tu solución", "tu progreso", "tu bienestar".

5. La Dicotomía del Control en la Persuasión

Aquí es donde muchos se frustran. Has aplicado los 6 principios, has sido asertivo, has generado Rapport... y te dicen que no.

Una persona coherente, sabe que su éxito reside en la **excelencia del proceso**, no en la respuesta del otro. Tu victoria es haber sido el mejor persuasor ético posible. Si el otro decide no seguirte, eso entra en el terreno de lo que no puedes controlar. No te fustigues. No permitas que un "no" dañe tu ataraxia. Como decía Séneca: *"La fortuna no tiene poder sobre los hombres que se mantienen dentro de la virtud"*. Tu virtud es tu técnica y tu ética. El resto es ruido.

6. Ironía contra la Resistencia: El humor como desarmador

Cuando notas que alguien está muy a la defensiva, no intentes empujar más fuerte. Si empujas una puerta que pone "tirar", te vas a cansar y no vas a entrar. Usa el humor. Una pequeña broma sobre lo difícil que es tomar decisiones o una ironía elocuente sobre lo absurdo de la situación puede bajar los niveles de cortisol del otro al instante. El humor le dice a su amígdala: "Eh, relájate, este tipo no es una amenaza, es un aliado".

7. Ejercicios Prácticos: Entrena tu influencia

No quiero que esto se quede en teoría de libro. Mañana mismo quiero que hagas lo siguiente:

1. **Aplica la Reciprocidad:** Haz un favor o aporta un valor a alguien de tu entorno profesional sin avisar y sin esperar nada. Observa cómo cambia la dinámica entre vosotros en los días siguientes.
2. **Busca el "Sí" pequeño:** En una conversación donde quieras convencer a alguien de algo, empieza haciendo tres preguntas cuya respuesta sea obviamente "sí". Sincroniza su cerebro con el acuerdo.
3. **Usa el "Porque":** Haz una petición sencilla (que te pasen un informe, que te cambien un turno) y añade un "porque" sólido. "Necesito esto para el miércoles porque quiero tener tiempo de revisarlo y que tú quedes impecable ante el jefe".

Conclusión del bloque

La persuasión ética no es un truco de magia, es un acto de responsabilidad. Si tienes algo bueno que ofrecer al mundo, tienes que saber cómo empaquetarlo para que el mundo lo acepte. Como mentor, te digo: deja de tener miedo a influir. Empieza a ver la persuasión como un puente que construyes hacia el otro.

Recuerda: persuadir no es vencer a alguien. Es convencer a alguien para que caminéis juntos. Y eso, es la base de un liderazgo real y duradero.

En la siguiente sección vamos a ver cómo aplicar todo esto a algo vital en el mundo actual: **El trabajo en equipo y la colaboración efectiva**. Porque solo puedes llegar rápido, pero acompañado llegas mucho más lejos.

CAPÍTULO 3: Oratoria de Alto Impacto

El Escenario como Amplificador de tu Voz

Admitámoslo: la mayoría de la gente prefiere que le saquen una muela sin anestesia antes que ponerse delante de un micrófono y hablar ante cincuenta personas. Hay estudios que dicen que el miedo a hablar en público (la glosofobia) supera en intensidad al miedo a la muerte. Es decir, que en un funeral, hay quien preferiría estar dentro del ataúd que leyendo el elogio fúnebre.

Si sientes que se te seca la boca, que las piernas te tiemblan como si estuvieras en medio de un terremoto de magnitud 8 o que tu cerebro se queda más en blanco que una hoja de papel recién fabricada, bienvenido. No eres un cobarde; eres un ser humano con un sistema de alarma que funciona demasiado bien. Pero como profesional del coaching, mi trabajo no es darte una palmadita y decirte "no pasa nada". Mi trabajo es enseñarte a usar ese miedo como combustible para que tu mensaje no solo se escuche, sino que retumbe en las cabezas de quienes te escuchan.

1. La Neurociencia del Pánico Escénico: El "Hacker" de tu sistema

¿Por qué nos bloqueamos? No es una cuestión de falta de talento, es una cuestión de hardware. Cuando te subes a un escenario —o te pones al frente de una mesa de reuniones—, tu cerebro no ve una audiencia; ve un grupo de depredadores que te están evaluando.

- **El Secuestro de la Amígdala:** Tu radar de amenazas detecta "juicio social". El juicio social para nuestro cerebro primitivo es sinónimo de exclusión, y la exclusión era sinónimo de muerte en la sabana. Por eso, tu amígdala dispara cortisol a chorros.
- **El Apagón de la Corteza Prefrontal:** Como tu cuerpo cree que vas a pelear contra un león, le quita sangre a tu cerebro racional para mandarla a las piernas (por si tienes que correr). De ahí viene el famoso "quedarse en blanco". No es que se te haya olvidado lo que ibas a decir; es que tu cerebro ha decidido que no es momento de filosofar, sino de sobrevivir.

La oratoria de alto impacto empieza por entender este proceso. Hablar bien no es "no tener miedo", es aprender a gestionar la química de tu cuerpo para que el "jinete" racional recupere el mando del "elefante" emocional.

2. El Mensaje: Si no puedes explicarlo en una servilleta, no lo digas

El mayor error de los oradores mediocres es la pedantería. Creen que por usar palabras complicadas y frases subordinadas de tres kilómetros van a parecer más inteligentes. ¡Menuda soberbia! Como te he dicho siempre, la claridad es el lenguaje de los maestros.

- **La Regla del Uno:** Una charla, un mensaje. Si intentas meter veinte ideas en la cabeza de la gente, al final no se quedarán con ninguna. ¿Cuál es la idea fuerza que quieres que se lleven a casa?
- **La Estructura de Hierro:** 1. **El Gancho (Hook):** Tienes 30 segundos para que no miren el móvil. Empieza con una pregunta provocadora, un dato que les vuele la cabeza o una historia potente. Jamás empieces diciendo "hola, me llamo Jose y voy a hablar de...". Eso es una invitación al sueño profundo. 2. **El Problema/Conflicto:** Si no hay conflicto, no hay interés. Describe el "dolor" que sufre tu audiencia. 3. **La Solución:** Aquí es donde entra tu valor, tu técnica o tu visión. 4. **La Llamada a la Acción (CTA):** ¿Qué quieres que hagan ahora? Una charla sin cierre es como un viaje que termina en un callejón sin salida.

[Image generated via Banano Pro: A clear, illuminated path leading from a dark forest towards a bright, modern lighthouse, representing the flow of a clear speech.]

3. El Poder de la Narrativa (Storytelling): Por qué las historias nos hackean

Estamos cableados para las historias. Antes de que existiera la escritura, ya nos contábamos historias alrededor de una hoguera. Las historias liberan **dopamina** (curiosidad) y **oxitocina** (empatía).

- **No seas el héroe:** En tu oratoria, tú no eres el protagonista. El protagonista es el que te escucha. Tú eres el mentor (como yo lo soy para ti en este libro). Tú eres el que les da el mapa y la espada para vencer a sus propios dragones.
- **Detalles sensoriales:** No digas "estaba muy nervioso". Di "sentía el sudor frío bajando por mi espalda y el ruido del corazón en mis oídos era más fuerte que el de los coches fuera". Haz que lo vivan. Si su cerebro lo visualiza, sus neuronas espejo se activan y la conexión es total.

4. La Voz y el Cuerpo: Tu instrumento de influencia

En el Volumen 1 hablamos de la asertividad y el lenguaje corporal, pero en la oratoria estos elementos se multiplican. El escenario es un amplificador: si estás nervioso, el escenario lo gritará; si estás seguro, el escenario te hará parecer un gigante.

- **El Anclaje:** No bailes sobre el escenario. Planta los pies como si tuvieras raíces. Eso transmite autoridad instantánea.
- **Las Manos:** Tus manos deben ser visibles. Ocultar las manos es una señal ancestral de que escondes un arma. Muéstralas, úsalas para subrayar tus ideas, no las metas en los bolsillos ni las cruces como si te estuvieras protegiendo de un ataque.
- **La Voz:** Tu voz es un mando a distancia. Si hablas siempre igual, la gente desconecta. Usa los silencios. El silencio es la herramienta más poderosa de la oratoria. Una pausa antes de una idea clave genera una tensión que obliga al otro a prestar atención. No tengas miedo al silencio; solo los inseguros lo rellenan con "ehhh", "sabes" o "este...".

5. La Dicotomía del Control en el Escenario

Aquí es donde entra mi vena estoica, esa que te protege de la locura. Antes de salir a hablar, recuerda a **Epicteto**.

- **Lo que controlas:** Tu preparación, tu práctica, tu honestidad, tu respiración y tu dominio del tema.
- **Lo que NO controlas:** Si un foco se funde, si alguien bosteza en la tercera fila, si el proyector falla o si un idiota decide hacer un comentario fuera de lugar.

Si pones tu felicidad en que "todo salga perfecto" o en que "todos me aplaudan", vas a ser un esclavo de la audiencia. Si pones tu éxito en haber sido fiel a tu mensaje y haber dado lo mejor de ti con las herramientas que tenías, habrás ganado antes de empezar. El estoico no busca la perfección, busca la excelencia en el esfuerzo.

6. Oratoria Digital: El reto de la pantalla

Como ya mencionamos en el capítulo de la Era Digital, hablar ante una webcam no es lo mismo que hablar ante mil personas. Aquí el Rapport es más frágil que un jarrón de cristal en una guardería.

- **La Cámara es tu Amigo:** Mira al agujerito de la cámara, no a las caras de la pantalla. Si miras la cámara, ellos sienten que les miras a los ojos. Si miras sus caras, ellos sienten que miras al suelo.
- **Energía x2:** La pantalla se "come" tu energía. Si en persona hablas con una intensidad de 5, en Zoom tienes que hablar con una intensidad de 8 para que el mensaje no llegue muerto al otro lado.

7. Manejo de Preguntas y Situaciones Difíciles

Aquí es donde se ve a la persona experimentada. Cuando alguien te hace una pregunta difícil o intenta ponerte en un aprieto:

1. **Escucha hasta el final:** No interrumpas. Tu amígdala querrá defenderse, pero tu corteza prefrontal debe observar.
2. **Valida la pregunta:** "Es una pregunta muy interesante y te agradezco que la lances". Esto te da tiempo para pensar y desarma al posible agresor.
3. **Sé honesto:** Como siempre te digo, si no lo sabes, di "no lo sé". Es mucho más digno decir "no tengo ese dato ahora mismo, pero lo busco y te lo envío mañana" que inventarse una respuesta pedante que se huela a kilómetros. La humildad es una forma de autoridad.

8. Ironía y Humor: Romper el hielo sin resbalar

Un chiste a tiempo (siempre relacionado con el tema) es el mejor desatascador de mentes. El humor libera endorfinas y hace que la audiencia baje sus defensas.

- **Usa la autoironía:** Ríete de tus propios fallos. Si te trabas, di: "Vaya, parece que mi lengua se ha ido de vacaciones antes que yo". Al reírte de ti mismo, le dices al mundo que tienes una seguridad tal que no te importa mostrar tus grietas. Y eso, amigo, es lo más atractivo del mundo.

9. Ejercicios de Entrenamiento: El Gimnasio de la Voz

No te quedes con la teoría. Haz estas "series" de entrenamiento:

1. **Grábate en vídeo:** No hay nada más doloroso (ni más útil) que verse a uno mismo. Observa tus tics, tus muletillas y tu postura. No te fustigues, simplemente toma nota.
2. **La técnica del "Ascensor":** Intenta explicar tu idea central en 60 segundos. Si no puedes, es que no la tienes clara todavía. Simplifica hasta que duela.
3. **Habla con las manos quietas:** Intenta dar un mensaje corto con las manos pegadas a los costados. Verás cómo tu cerebro sufre para encontrar las palabras. Luego hazlo moviéndolas con naturalidad. Entenderás que el cuerpo y la mente son un solo sistema.

Conclusión del Capítulo

La oratoria no es para unos pocos elegidos. Es una habilidad técnica que se entrena. El escenario no es un lugar donde te juzgan, es una plataforma desde la que sirves a los demás con tu conocimiento.

Cada vez que hablas, tienes la oportunidad de cambiar la forma de pensar de alguien. No desperdicies esa oportunidad por miedo o por falta de preparación. Sé asertivo, sé vulnerable, sé profesional y, sobre todo, sé tú mismo (pero la mejor versión de ti mismo, la que ha entrenado sus habilidades sociales).

En el próximo capítulo adicional, vamos a ver cómo estas habilidades de comunicación se expanden hacia fuera para crear una red de seguridad y oportunidades. Vamos a hablar del **Networking con Alma**. Porque, al final, la calidad de tu vida es la calidad de tus contactos.

¿Damos el siguiente paso fuera del escenario para entrar en la red?

CAPÍTULO 4: El trabajo en equipo y la colaboración efectiva

Seguro que alguna vez has oído esa frase tan manida de: *"Si quieres ir rápido, ve solo; si quieres llegar lejos, ve acompañado"*. Suena muy bien, muy poético, casi para ponerlo en una taza de desayuno. Pero la realidad en las trincheras del día a día es otra: a veces, ir acompañado es como intentar correr una maratón con una bola de preso atada al tobillo.

¿Por qué? Porque nos han enseñado a competir desde que íbamos a la escuela, pero nadie nos dio un manual de instrucciones sobre cómo colaborar sin querer estrangular al compañero de al lado en la tercera reunión de la semana. En este Volumen 2, vamos a dejar de ver el trabajo en equipo como un "mal necesario" para entenderlo como lo que es: la mayor ventaja competitiva que puedes tener en tu carrera profesional y en tu vida personal.

1. El mito del Genio Solitario vs. La Realidad Tribal

Vivimos en la cultura del héroe. Nos venden la historia del genio que en su garaje cambió el mundo. Pero la verdad es que ese genio tenía un equipo, unos proveedores, unos socios y una red de apoyo. La neurociencia nos dice que nuestro cerebro es, ante todo, un órgano social. La "Hipótesis del Cerebro Social" de Robin Dunbar sugiere que nuestra inteligencia no evolucionó para resolver problemas matemáticos, sino para gestionar la complejidad de nuestras relaciones dentro del grupo.

Como coach, he entrado en empresas donde tenían a "los mejores" en cada puesto, pero los resultados eran mediocres. ¿Por qué? Porque eran un **grupo**, no un **equipo**.

- **Un grupo:** Personas que trabajan en un mismo lugar, pero cuyos objetivos son individuales. Es una suma de egos.
- **Un equipo:** Personas con una meta común, donde el éxito de uno es el éxito de todos. Es una multiplicación de talentos.

Si 1+1 en tu equipo suma 2, tienes un problema de gestión. En un equipo Diamond, 1+1 tiene que sumar 3, o 5, o 10. Eso se llama **Sinergia**, y no es magia, es ingeniería social.

2. La base biológica: Oxitocina y Seguridad Psicológica

Aquí es donde entra la ciencia de verdad. ¿Por qué algunos equipos fluyen y otros son un nido de víboras? La clave está en la **Seguridad Psicológica**, un concepto que Amy Edmondson, profesora de Harvard, ha diseccionado magistralmente.

La seguridad psicológica es la creencia de que uno no será castigado o humillado por cometer un error, hacer una pregunta o proponer una idea "loca".

- **El escenario del miedo:** Cuando sientes que tu equipo te juzga, tu amígdala toma el mando. Tu cerebro se inunda de cortisol. En ese estado, tu creatividad se bloquea y tu única prioridad es "salvar el cuello". Es imposible colaborar cuando estás en modo supervivencia.
- **El escenario de la confianza:** Cuando hay seguridad, el cerebro libera oxitocina. La oxitocina reduce el miedo y nos permite ser vulnerables. Y ojo, que quede claro: **yo NO SOY PSICÓLOGO**, pero sé por experiencia que la vulnerabilidad es el pegamento de los equipos de alto rendimiento. Si no puedo decir "me he equivocado" o "no sé cómo hacer esto" sin miedo a que me corten la cabeza, nunca habrá una colaboración real, solo una actuación teatral de eficiencia.

3. Las 5 Disfunciones de un Equipo (y cómo evitarlas)

Patrick Lencioni escribió una obra maestra sobre esto, y en mis más de treinta años de coaching, he visto cómo estas cinco plagas destruyen proyectos brillantes:

1. **Ausencia de confianza:** Si no hay vulnerabilidad, no hay base. Sin confianza, pasamos más tiempo protegiendo nuestra espalda que avanzando.
2. **Temor al conflicto:** Los equipos que parecen llevarse bien siempre suelen ser los más peligrosos. Evitan la confrontación de ideas por miedo a herir sensibilidades. El conflicto de ideas es sano; el conflicto de personas es el problema.
3. **Falta de compromiso:** Si no he podido dar mi opinión (porque no hay confianza), nunca me comprometeré de verdad con la decisión final.
4. **Evitación de responsabilidades:** Cuando el equipo no está comprometido, nadie se atreve a señalar al compañero que no está cumpliendo. "No es asunto mío", dicen. Error: en un equipo, todo es asunto de todos.
5. **Falta de atención a los resultados:** El ego individual se pone por encima de la meta colectiva. "Yo he hecho mi parte, si el proyecto fracasa no es culpa mía". Esa es la frase que firma la sentencia de muerte de cualquier equipo.

4. El Rol del Líder: El Facilitador, no el Dictador

Si lideras un equipo, o aspiras a hacerlo, tienes que entender que tu trabajo no es tener todas las respuestas. Tu trabajo es hacer las preguntas adecuadas para que el equipo las encuentre.

- **Escucha de Nivel 3 en el equipo:** Ya hablamos de esto en el capítulo de Rapport, pero en el equipo es vital. Tienes que escuchar no solo lo que dicen tus colaboradores, sino el "clima" de la reunión. ¿Quién está callado? ¿Quién está a la defensiva? ¿Qué no se está diciendo?
- **El ejemplo estoico:** Como líder, tú eres el termostato emocional del grupo. Si tú pierdes los papeles, el equipo entra en pánico. Si tú mantienes la **ataraxia** (la calma emocional) ante una crisis, el equipo se sentirá seguro para buscar soluciones. Tu virtud es su refugio.

5. Diversidad de Pensamiento: El valor de ser diferentes

Mucha gente intenta rodearse de personas que piensan exactamente igual que ellos. Es más cómodo, claro. Te dan la razón en todo y no hay discusiones. Pero eso no es un equipo, es una cámara de eco.

Un equipo potente necesita diversidad. Necesitas al visionario que sueña con el futuro, pero también al escéptico que busca los fallos en el plan. Necesitas al que empuja y al que analiza.

- **Gestión de perfiles:** Aprende a valorar al compañero que te lleva la contraria. No lo veas como un obstáculo, velo como un control de calidad gratuito. La ironía aquí es que el compañero que más te saca de tus casillas suele ser el que tiene la pieza del puzle que te falta.

6. Comunicación Asertiva en la Colaboración

¿Cómo decimos que algo no nos gusta sin romper el equipo? Usando las herramientas que vimos en el Volumen 1 y profundizando en ellas aquí.

- **Feedback "Sándwich" avanzado:** No critiques a la persona, critica el proceso. "Eres un desastre con las fechas" es un ataque. "He notado que los tres últimos informes han llegado tarde y eso está retrasando la fase de diseño, ¿cómo podemos ajustarlo?" es una invitación a la solución.
- **La Regla del 3 por 1:** Por cada crítica o corrección, asegúrate de haber dado tres refuerzos positivos genuinos. Si solo hablas para corregir, tu equipo acabará por desconectar sus neuronas espejo contigo.

7. El fin de las reuniones que son una pérdida de tiempo

Si hay algo que mata la colaboración efectiva son las reuniones interminables donde no se decide nada. Como profesional del coaching de productividad, te doy tres reglas de oro:

1. **Sin orden del día, no hay reunión:** Si no sabemos a qué venimos, mejor nos quedamos trabajando.
2. **La regla de los dos minutos:** Si algo se puede decidir en dos minutos, no esperes a la reunión semanal.
3. **Compromisos SMART:** Toda reunión debe terminar con una lista de: Quién va a hacer Qué y para Cuándo. Si no hay nombres y fechas, solo habéis tenido una charla agradable (o desagradable), pero no habéis colaborado.

8. Estoicismo Colectivo: El bien común

Marco Aurelio decía: *"Lo que no es bueno para la colmena, no es bueno para la abeja"*. En un equipo, esta es la máxima ley. A veces tendrás que ceder tu protagonismo por el bien del proyecto. A veces tendrás que hacer una tarea que no te gusta porque es lo que el equipo necesita hoy. Eso no es ser débil; es tener una visión de largo alcance. El ego es el mayor destructor de equipos de la historia. Su brillo personal es una consecuencia de lo bien que brilla su equipo.

9. Ejercicios Prácticos para fortalecer tu Equipo

1. **La Dinámica de la Vulnerabilidad:** En la próxima reunión, sé el primero en admitir un error o una duda. Observa cómo cambia el nivel de tensión en la sala. Estás dando permiso a los demás para ser humanos.
2. **El "Abogado del Diablo":** En una decisión importante, asigna a alguien el rol oficial de encontrar fallos en la propuesta. Esto permite criticar la idea sin que nadie se sienta atacado personalmente.
3. **Auditoría de Confianza:** Pregunta a tu equipo (o a tus compañeros): "¿Qué es lo que más os facilita trabajar conmigo y qué es lo que más os lo dificulta?". Prepárate para escuchar la respuesta con oídos estoicos, sin defenderte.

Conclusión del capítulo

Colaborar no es estar de acuerdo en todo. Colaborar es saber remar en la misma dirección aunque tengamos estilos de remo diferentes. Es entender que el talento individual te da partidos, pero el trabajo en equipo te da campeonatos.

Como mentor, te digo: deja de intentar ser el más listo de la clase y empieza a ser el que mejor conecta a los listos de la clase. Tu valor no está en lo que haces, sino en lo que logras que pase cuando estás presente.

En la siguiente parte del libro, vamos a abordar los muros que nos impiden aplicar todo esto. Vamos a entrar en la siguiente parte: **Superando Obstáculos y Desafíos**. Hablaremos de la timidez, la ansiedad social y ese miedo al rechazo que a veces nos hace preferir la soledad antes que el riesgo de colaborar.

¿Listo para romper tus propias barreras?

CAPÍTULO 5: Habilidades Sociales "Puertas Adentro"

El Arte de Convivir sin Matar a Nadie

Dime si te suena esto: eres un profesional impecable, mantienes la calma en las reuniones más tensas, saludas con una sonrisa a todo el mundo en la oficina y eres capaz de mediar en un conflicto entre dos departamentos sin despeinarte. Pero, en cuanto cruzas el umbral de tu casa, cuelgas las llaves y ves que alguien ha dejado los platos sin fregar o que no han sacado la basura, te conviertes en un volcán en erupción o en un témpano de hielo que castiga con el silencio.

¿Por qué somos tan "maestros" fuera y tan "aprendices" dentro? Como profesional del coaching, he visto este patrón miles de veces en los últimos treinta años. Es lo que yo llamo la **Trampa de la Confianza**. Creemos que porque amamos a las personas con las que vivimos (pareja, hijos, padres), tenemos derecho a usar con ellos nuestra peor versión comunicativa. Pensamos que la "confianza" es una licencia para dejar de ser asertivos, para dejar de escuchar y para dar por sentado que los demás deben saber qué nos pasa sin que abramos la boca.

En este capítulo vamos a bajar a las trincheras del salón y la cocina. Vamos a aplicar la maestría social a las relaciones más importantes de tu vida, porque si no eres capaz de generar Rapport en tu propio sofá, tus éxitos exteriores son solo un decorado de cartón piedra.

1. La Neurobiología del Hogar: Del "Modo Alerta" al "Modo Seguro"

Nuestra casa debería ser nuestro santuario, el lugar donde nuestro sistema nervioso se relaja. Pero para mucha gente, el hogar es un campo de minas emocional.

- **El Cortisol doméstico:** Cuando las discusiones en casa son constantes, tu cerebro vive en un estado de alerta permanente. El cortisol alto en casa es especialmente dañino porque no te permite recuperar la energía que has gastado fuera.
- **La Oxitocina como pegamento:** La convivencia se basa en la liberación de oxitocina a través de pequeños gestos: un contacto físico afectuoso, una mirada de reconocimiento o una palabra de agradecimiento. Si en tu casa solo se habla de logística ("¿has traído el pan?", "¿quién recoge a los niños?"), la oxitocina desaparece y la relación se convierte en un contrato mercantil mal gestionado.

Como mentor, te digo: tu primera misión es convertir tu hogar en una zona de alta oxitocina. Y eso no se hace con grandes discursos, sino con micro-habilidades diarias.

2. La Comunicación "Yo" vs. La Comunicación "Tú"

Este es el error número uno en las discusiones de convivencia. Cuando estamos molestos, empezamos nuestras frases con un "Tú" acusador: *"Tú nunca haces nada"*, *"Tú siempre te olvidas"*, *"Tú me pones de los nervios"*.

¿Qué ocurre en el cerebro del otro cuando escucha eso? Su amígdala detecta un ataque. Automáticamente, se pone a la defensiva o contraataca. La comunicación ha muerto y ha empezado la guerra.

La técnica del Mensaje "Yo": Se trata de hablar desde tu propia experiencia, no desde el juicio al otro. No soy psicólogo, pero te aseguro que este cambio de estructura salva matrimonios y mejora la relación con los hijos.

- **En lugar de:** *"Tú eres un desordenado y me tienes harta con tu ropa por ahí"* (Ataque -> Defensa).
- **Prueba con:** *"Me siento agobiada cuando veo la ropa en el suelo porque me da la sensación de que mi esfuerzo por mantener la casa limpia no se valora. ¿Podrías ayudarme con esto?"* (Sentimiento -> Hecho -> Petición).

Al hablar desde el "Yo", no estás atacando la identidad del otro, sino expresando tu necesidad. Es mucho más difícil discutir con alguien que te está abriendo su corazón que con alguien que te está señalando con el dedo.

3. La "Cuenta Bancaria Emocional" en la Familia

Ya mencionamos este concepto de Covey, pero vamos a profundizar en su aplicación mundana. En casa, las retiradas de saldo son constantes: un mal gesto, un olvido, una respuesta seca. Si no haces ingresos diarios, la cuenta entrará en números rojos y cualquier chispa provocará un incendio.

Ingresos de alto impacto en el hogar:

- **La Regla de los 5 Segundos de Atención:** Cuando alguien de tu familia te hable, deja lo que estés haciendo (especialmente el móvil), mírale a los ojos y préstale atención total durante al menos cinco segundos antes de responder. Ese pequeño gesto dice: *"Eres más importante que mi pantalla"*.
- **El Elogio Específico:** Deja de dar las cosas por hechas. *"Gracias por preparar la cena, te ha quedado muy buena"* o *"Valoro mucho que te hayas encargado de esto hoy"*. El reconocimiento es el combustible de la convivencia sana.
- **El Rapport Doméstico:** No entres en casa como un vendaval. Tómate un minuto en el coche o en el portal para "limpiar" tu energía del trabajo. Entra acompasándote al ritmo de tu casa. Si tu pareja está cansada, no entres contando tus grandes éxitos a gritos; sintoniza primero con su frecuencia.

4. Gestionando el Conflicto sin Cadáveres Emocionales

Discutir en casa es inevitable y, hasta cierto punto, necesario. El problema no es el conflicto, sino cómo lo gestionamos.

- **La Pausa Táctica Estoica:** Marco Aurelio decía que la mejor venganza es no ser como el que te ha dañado. Si alguien en casa te lanza una pulla, no saltes como un resorte. Usa esa pausa que entrenamos en el Volumen 1. Respira. Pregúntate: *"¿Qué gano yo escalando esta discusión?"*. Casi nunca la respuesta es "algo positivo".
- **El Tiempo Fuera:** Si notas que el calor te sube por el cuello y vas a decir algo de lo que te vas a arrepentir (y en casa sabemos dónde duele más), pide un tiempo fuera. *"Ahora mismo estoy muy enfadado y no quiero decir algo hiriente. Vamos a dejarlo 20 minutos y luego hablamos"*. Eso es maestría social, no cobardía.
- **Foco en la Solución, no en el Culpable:** En las familias mediocres se busca al culpable. En las familias se busca la solución. Cambia el *"¿por qué lo has hecho?"* por el *"¿qué podemos hacer para que no vuelva a pasar?"*.

5. Habilidades Sociales con los "Mayores" y los "Pequeños"

Cada generación requiere un código de comunicación diferente, y cada persona debe ser capaz de cambiar de dial.

- **Con los hijos/adolescentes:** Deja de ser el "interrogador jefe". En lugar de *"¿qué tal en el instituto?"* (respuesta probable: *"bien"*), usa la técnica de la **Autorevelación**. Cuéntales algo de tu día, una duda que hayas tenido o algo divertido que te haya pasado. Al mostrar tu vulnerabilidad, les das permiso para mostrar la suya. Escúchales con la Escucha de Nivel 3: a veces su rebeldía es solo una petición de atención mal expresada.
- **Con los padres/mayores:** Aquí la clave es la **Validación y la Paciencia**. A menudo, los mayores repiten historias o dan consejos que no hemos pedido. En lugar de desesperarte, aplica el estoicismo. Entiende que su mapa del mundo es diferente. Valida su intención, no solo su mensaje. *"Sé que me dices esto porque te preocupas por mí y lo valoro mucho"*. No necesitas darles la razón, solo necesitas que se sientan escuchados.

6. La Logística Doméstica como Acto de Comunicación

Parece una tontería, pero quién limpia el baño o quién lleva el coche a la revisión es comunicación pura. Es la manifestación práctica del respeto y la colaboración de la que hablábamos en el capítulo de Trabajo en Equipo.

- **Asertividad en el reparto:** No esperes a que "les salga" ayudar. La gente no lee la mente. Si necesitas ayuda, pídela con claridad y sin victimismo. *"Necesito que te encargues tú de la compra esta semana* *porque yo voy a tener más carga de trabajo y me ayudaría mucho a estar más tranquila".*

- **Reconocimiento del esfuerzo invisible:** Gran parte del trabajo en casa es invisible. Aprende a ver lo que los demás hacen y reconócelo. Eso genera un círculo virtuoso de colaboración.

7. Ironía y Humor: El Desatascador de Tensiones

El humor es la mejor herramienta para quitarle hierro a las pequeñas miserias de la convivencia. Ríete de ti mismo, de tus manías, de esas discusiones absurdas por el color de las cortinas o por quién se ha comido el último yogur.

Ojo, usa la ironía para suavizar la situación, nunca para ridiculizar al otro. Un chiste compartido en mitad de una tensión rompe el secuestro amigdalar y nos recuerda que, por encima del problema de los platos sucios, está el vínculo que nos une.

8. Ejercicios Prácticos de Maestría Doméstica

Para que empieces a transformar tu casa desde hoy mismo:

1. **La Auditoría del Recibimiento:** Mañana, cuando entres en casa o cuando alguien llegue, deja el móvil, deja lo que estés haciendo

y dedica 30 segundos de atención plena a recibir a esa persona. Observa el impacto que tiene en el clima del resto de la tarde.

2. **El Día del "Yo":** Durante 24 horas, prohíbete empezar cualquier queja o petición con la palabra "Tú". Cámbialo todo por "Yo me siento..." o "A mí me gustaría...". Observa cómo baja el nivel de defensividad de los demás.

3. **El Ingreso Inesperado:** Haz algo por alguien de tu casa que no te corresponda y que no te hayan pedido, y no lo menciones. Hazlo simplemente como un ingreso de saldo en vuestra cuenta bancaria emocional.

Conclusión del Capítulo

La verdadera maestría social no se demuestra ante mil personas en un escenario, sino ante una persona en la mesa del desayuno. Si eres capaz de mantener tu integridad, tu asertividad y tu calidez con quienes más te conocen (y por tanto, con quienes más saben cómo sacarte de tus casillas), entonces y solo entonces puedes llamarte persona diamante.

Tu casa no es el lugar donde "descansar" de ser educado y atento; es el lugar donde más importa serlo. Porque al final de tu vida, el éxito social no se medirá por tus seguidores en LinkedIn, sino por la paz y el amor que fuiste capaz de generar entre las cuatro paredes de tu hogar.

En el próximo capítulo adicional, vamos a salir de casa para enfrentarnos a ese terreno que a muchos les incomoda: **Las interacciones con desconocidos**. Vamos a aprender la **Maestría de lo Trivial**, porque saber hablar del tiempo o saludar en el ascensor es la grasa que hace que el motor del mundo no gripe.

CAPÍTULO 6: La Maestría de lo Trivial

El "Small Talk" y las interacciones con desconocidos

Seguro que conoces esa situación: entras en un ascensor, hay otra persona y, de repente, el techo se vuelve la cosa más interesante del universo. Miras los botones como si estuvieras descifrando el código de lanzamiento de un misil nuclear, sacas el móvil para fingir que lees algo vital o, si eres de los que no aguantan la tensión, sueltas la frase de siempre: *"Vaya calor que hace hoy, ¿eh?"*. Y el otro responde: *"Ya te digo"*. Silencio sepulcral. Fin de la interacción.

Mucha gente desprecia el llamado *Small Talk* o "charla trivial". Dicen que es superficial, que es aburrido, que no sirve para nada. ¡Menudo error de principiante! Como mentor que lleva observando la conducta humana desde 1993, te digo que la charla trivial no es el objetivo, es el **vehículo**. Es el "embrague" de la interacción social. Si intentas meter la quinta marcha (una conversación profunda o una propuesta de negocios) sin pasar por el embrague, la caja de cambios va a saltar por los aires.

En este capítulo vamos a aprender a dominar lo trivial para que deje de ser una tortura y se convierta en tu puerta de entrada a cualquier oportunidad. Porque nunca sabes si la persona que tienes al lado en la cola del supermercado es tu próximo socio, tu próximo cliente o simplemente alguien que puede alegrarte el día con una historia fascinante.

1. La Neurobiología del Desconocido: El "radar" de confianza

Para entender por qué nos cuesta tanto hablar con extraños, hay que volver a nuestra vieja amiga: la amígdala. En el Volumen 1 hablamos del miedo al rechazo, pero aquí el miedo es diferente. Es el miedo a la **incertidumbre**.

Cuando ves a un desconocido, tu cerebro entra en modo "escáner". No sabe si esa persona es una amenaza, un aliado o un mueble más del entorno. El *Small Talk* sirve para enviar señales de seguridad de bajo coste. Al hablar del tiempo, del tráfico o de la lentitud de la cola, le estás diciendo al sistema nervioso del otro: *"Eh, relájate, hablo tu mismo idioma, comparto tu realidad inmediata y no soy peligroso".*

- **El "clic" de la oxitocina:** Una interacción trivial exitosa de apenas 30 segundos libera una pequeña dosis de oxitocina en ambos cerebros. Esa micro-dosis es la que baja las defensas y permite que, si quieres, la conversación pase al siguiente nivel.
- **La trampa del aislamiento:** En el mundo actual, hemos externalizado nuestras interacciones sociales a las máquinas. Ya no preguntamos al quiosquero por el periódico, lo leemos en el móvil. Ya no pedimos indicaciones por la calle, usamos el GPS. Estamos perdiendo el "músculo" de la interacción fortuita, y eso nos está volviendo más torpes y más temerosos.

2. El Arte de la Observación: Tu material de construcción

El mayor problema de la gente que odia la charla trivial es que cree que tiene que "inventar" temas de conversación. Error. No tienes que inventar nada; el material ya está ahí, solo tienes que aprender a verlo.

No sólo mires, **observa**.

- **El Entorno:** Es el terreno común. El calor, la decoración del sitio, la música, lo que está pasando fuera. *"Es curioso cómo han puesto la decoración de Navidad en octubre, ¿verdad?"*.
- **El Contexto:** Si estás en una boda, en una conferencia o en la cola del banco, ya tienes un tema compartido.
- **El Interlocutor:** Sin ser un detective privado, fíjate en los detalles. Un libro que lleve en la mano, un pin en la chaqueta, el tipo de perro que pasea. Eso son "invitaciones de comunicación" que el otro te está lanzando sin saberlo.

3. Técnicas para iniciar la charla sin parecer un psicópata

Sé que a muchos os frena el miedo a invadir el espacio ajeno. *"¿Y si no quiere hablar?"*. Pues si no quiere hablar, no pasa nada. El estoicismo nos enseña que la respuesta del otro no está bajo tu control. Tu victoria es haber sido educado y abierto.

Aquí tienes tres llaves maestras para abrir la conversación:

1. **La Pregunta de Observación Abierta:** En lugar de decir *"hace frío"*, pregunta: *"¿Crees que este frío ha llegado para quedarse o es solo un aviso?"*. Obligas al otro a dar una opinión, no solo un monosílabo.
2. **El Cumplido Específico:** No digas *"me gusta tu chaqueta"*. Di: *"Ese tono de azul no se ve mucho, es muy original"*. El cumplido específico demuestra que has prestado atención real, no es una frase hecha.
3. **La Petición de Opinión/Consejo:** A los seres humanos nos encanta que nos pidan opinión. *"Perdona, ¿has probado este tipo de manzanas? No sé si valen la pena"*. Al pedir un consejo pequeño, pones al otro en una posición de autoridad y su amígdala se relaja instantáneamente.

4. La Técnica de la "Información Libre" (Free Information)

Esta es una de mis herramientas favoritas en las sesiones de coaching. Se trata de escuchar las palabras del otro para detectar "migas de pan" que te permiten seguir la conversación.

- **Ejemplo:**
    - Tú: *"Vaya, parece que hoy el tren viene con retraso"*.
    - Otro: *"Sí, siempre pasa lo mismo cuando tengo una reunión importante en Madrid"*.

Un aficionado diría: *"Pues sí, es un rollo"*. Fin. Una persona entrenada detecta la información libre: **"reunión importante"** y **"Madrid"**.

- Tú: *"¿En Madrid? Es una ciudad que me encanta pero que me agota a partes iguales. ¿Vas por trabajo a menudo?"*.

Has cogido un hilo y has empezado a tejer. Has pasado de hablar del tren a hablar de viajes, trabajo y estilo de vida. Eso es maestría social.

5. Cómo salir de la conversación con elegancia

Tan importante es saber entrar como saber salir. No hay nada peor que esa sensación de estar "atrapado" en una charla trivial que ya no da más de sí.

- **La Salida Honesta:** *"Bueno, no te robo más tiempo, que tengas un buen día"*. Corto, directo y educado.
- **La Salida con Justificación:** *"Voy a ver si encuentro a un compañero, un placer haber charlado contigo"*.
- **El Puente al Futuro:** Si la conversación ha sido buena, no la dejes morir. *"Ha sido un gusto hablar de esto contigo, quizá coincidamos en otro evento"*.

6. El Estoicismo en el Ascensor: Gestión de la expectativa

A veces, harás todo bien. Usarás una pregunta abierta, sonreirás con los ojos, detectarás la información libre... y el otro te responderá con un gruñido o un silencio incómodo.

¿Qué hacemos entonces? **Nada.** No permitas que la falta de habilidades sociales de otro rompa tu **ataraxia**. No te digas *"soy un pesado"* o *"no sé hablar"*. Di: *"He practicado mi habilidad de apertura, la ejecución ha sido impecable, la respuesta del entorno ha sido negativa. Siguiente serie"*. Recuerda lo que hemos hablado: eres el arquero. Has disparado bien. Si el blanco se ha movido o ha soplado un viento de mala educación, eso no quita que tu técnica haya sido excelente.

7. Ironía y Humor: Desarmando lo absurdo

A veces, lo mejor para romper el hielo es señalar lo evidente con un toque de humor. *"Si esperamos dos minutos más a que suba el ascensor, vamos a tener que empezar a pedir raciones de comida"*. El humor compartido sobre una situación externa (la lentitud, el calor, la música horrible del hilo musical) crea un vínculo de "nosotros contra el problema" que es muy potente. Pero ojo, evita la queja amarga. La ironía debe ser ligera, no un lamento que hunda el ánimo del otro.

8. Ejercicios de "Gimnasio Social Mundano"

Aquí tienes tu rutina de entrenamiento para esta semana. Sin excusas.

1. **El Saludo con Contacto Visual:** Durante tres días, saluda a todo el mundo con el que te cruces en entornos cerrados (portal, oficina, gimnasio), manteniendo el contacto visual un segundo más de lo habitual. No hace falta que digas nada más, solo observa cómo cambia la energía.
2. **La Pregunta al Desconocido:** Una vez al día, haz una pregunta de opinión a alguien que no conozcas. En el supermercado, en la parada del bus, en el banco. *"¿Crees que este libro vale la pena?"*, *"¿Sabes si este camino es más corto?"*.
3. **La Caza de la Información Libre:** En tu próxima charla trivial, oblígate a encontrar dos datos que el otro ha soltado sin querer y úsalos para hacer una pregunta más profunda.

Conclusión del Capítulo

El *Small Talk* no es hablar de nada; es el precalentamiento necesario para hablar de todo. Como mentor, te digo que las personas más exitosas que conozco son maestras en este arte. No porque les guste hablar del tiempo, sino porque entienden que cada interacción es una semilla.

No subestimes el poder de una charla trivial. Es la forma más sencilla de practicar tu presencia, tu Rapport y tu escucha sin riesgo. Si eres capaz de conectar con un extraño en tres minutos, tendrás la confianza necesaria para negociar un contrato millonario o liderar un equipo en crisis.

En el próximo capítulo adicional, vamos a llevar estas habilidades a un entorno un poco más estructurado y complejo: **El Protocolo Social del Siglo XXI**. Vamos a aprender a navegar cenas, eventos y situaciones sociales donde las reglas no están escritas pero todo el mundo las juzga.

CAPÍTULO 7: Networking con Alma

Construyendo tu Capital Social

Hablemos de esa palabra que a tantos les produce urticaria: *Networking*. Seguramente te imaginas un evento en un hotel impersonal, con gente vestida demasiado seria, sosteniendo una copa de vino barato en una mano y una tarjeta de visita en la otra, esperando el momento de asaltarte para venderte algo que no necesitas. Si eso es lo que crees que es el networking, no me extraña que te den ganas de quedarte en casa viendo una serie.

Como profesional del coaching, te digo que esa visión es prehistórica. Eso no es networking; eso es "caza de tarjetas". En este Volumen 2, vamos a darle la vuelta al calcetín. Vamos a hablar de construir una red de seguridad, de influencia y de apoyo que no se base en el "qué me das", sino en el "qué construimos juntos". Porque, al final del día, tu éxito no depende solo de lo que sabes, sino de a quién conoces y, sobre todo, de quién te conoce a ti y qué piensa cuando escucha tu nombre.

1. La Ley del Capital Social: Tu verdadero patrimonio

Muchos se obsesionan con el saldo de su cuenta bancaria. Y oye, está muy bien, yo soy el primero que defiende la solvencia y la libertad financiera. Pero hay otro saldo mucho más importante: tu **Capital Social**. El capital social es la suma de los recursos (información, confianza, ayuda, oportunidades) a los que tienes acceso gracias a tu red de relaciones.

- **La visión del mentor:** Imagina que te quedas sin trabajo mañana o que tu negocio quiebra. Si tienes un capital social alto, antes de que acabe el día tendrás tres llamadas ofreciéndote ayuda. Si solo tienes "contactos", tendrás tres mensajes de "lo siento mucho" y poco más.
- **Neurociencia del vínculo:** Cuando interactuamos de forma genuina con alguien, nuestro cerebro libera **oxitocina**. La oxitocina es la hormona de la confianza a largo plazo. El networking superficial se basa en la dopamina (el "chute" de conocer a alguien importante), pero el networking con alma se basa en la oxitocina. Y la oxitocina requiere tiempo, repetición y honestidad.

2. El "Súper-Conector": Deja de pedir y empieza a dar

El mayor error de los principiantes es ir a los eventos de networking con hambre. Y el hambre se huele a kilómetros. Si vas buscando un favor, una venta o un contacto, la gente se pondrá a la defensiva. Sus neuronas espejo detectarán tu intención oculta y cerrarán las puertas de su Rapport.

- **La mentalidad de abundancia:** es importante operar desde la abundancia. Tu objetivo en cada encuentro no es conseguir algo, es ver cómo puedes ayudar tú. ¿A quién puedes presentarle a esta persona? ¿Qué información valiosa tienes que pueda servirle?

- **La Regla de Oro del Networking:** Sé la persona que más valor aporta en la sala. Si te conviertes en un "conector" —alguien que siempre está uniendo personas y resolviendo problemas ajenos—, te volverás indispensable. El universo (y la psicología humana) tiene una forma muy curiosa de devolverte los favores multiplicados por diez, pero solo si no los hiciste esperando nada a cambio.

3. El Elevator Pitch Social: Quién eres cuando no dices tu cargo

En el Volumen 1 hablamos de la asertividad, y aquí vamos a usarla para definir tu mensaje. Cuando alguien te pregunta "¿a qué te dedicas?", la respuesta estándar suele ser aburridísima: "Soy contable", "Soy ingeniero", "Vendo seguros". ¡Zzzzz! Has perdido la oportunidad de conectar.

- **El gancho emocional:** No digas lo que haces, di el problema que resuelves y a quién ayudas. "Ayudo a empresas a que sus empleados no se quieran tirar por la ventana los lunes por la mañana" suena mucho mejor que "Soy consultor de RRHH".
- **La técnica de la curiosidad:** Deja espacio para que pregunten. Una buena presentación social debe ser como el tráiler de una

película: debe dejarte con ganas de ver más, no contarte el final en el primer minuto.

4. Networking Digital vs. Cara a Cara: El equilibrio maestro

Hoy en día, parece que si no estás en LinkedIn no existes. Y LinkedIn es una herramienta fantástica, pero no sustituye al café.

- **La "Calidez" Digital:** No mandes solicitudes de amistad a desconocidos sin un mensaje personalizado. Eso es spam social. Busca un punto en común, algo que admires de su trabajo o una pregunta inteligente. Usa las habilidades de comunicación digital que vimos anteriormente.
- **El Café de los 15 minutos:** No hay nada que supere a mirar a alguien a los ojos (Rapport real) y escuchar su tono de voz. El entorno digital sirve para abrir la puerta; el entorno físico sirve para construir la casa.

5. La Dicotomía del Control en los Eventos Sociales

Aquí es donde el estoicismo te salva de la ansiedad social. Muchos clientes me dicen: *"Jose, me da pánico entrar en una sala llena de gente que no conozco".*

- **Aplica a Epicteto:** Tú controlas tu preparación, tu sonrisa, tu capacidad de escucha y tu valentía para acercarte a alguien. No controlas si la otra persona es una borde, si tiene prisa o si no le interesa lo que dices.
- **El éxito es la acción:** Si te has acercado a tres personas y has tenido tres conversaciones honestas, has tenido éxito. El resultado externo es un "indiferente preferible". No permitas que el rechazo de un desconocido (que no tiene ni idea de quién eres) rompa tu **ataraxia**. Si alguien te rechaza, simplemente te está dando permiso para que dediques tu tiempo a alguien que sí valga la pena.

6. El Seguimiento (Follow-up): Donde se mueren las relaciones

Este es el gran pecado del networking. Conoces a alguien brillante, conectáis, os dais el teléfono... y nunca más se supo.

- **La regla de las 24 horas:** Manda un mensaje o un correo corto antes de que pasen 24 horas. "Me encantó nuestra charla sobre X, me quedé pensando en lo que dijiste de Y". Eso demuestra presencia y respeto.
- **Mantenimiento preventivo:** No llames a tus contactos solo cuando necesites algo. Llama para decir "he visto este artículo y me he acordado de ti". Mantén la llama encendida para que, cuando llegue el invierno, tengas fuego donde calentarte.

7. Ironía y el "Club de los Ególatras"

Seguro que te has cruzado con esos "fantasmas" del networking que solo hablan de sus éxitos, de sus coches y de lo importantes que son. Son una fuente inagotable de estudio de la ineptitud social.

- **Usa la ironía:** Observa cómo su lenguaje corporal contradice su discurso (Micro-comunicación). Normalmente, cuanto más grita alguien su éxito, más inseguro está su elefante emocional. No les juzgues, pero no te dejes impresionar. Tú eres el que escucha, el que observa y el que no necesita demostrar nada porque su autoridad es intrínseca.

8. La Ética del Networking: No seas un parásito social

Hay gente que ve las relaciones como una mina de la que extraer minerales. Una vez que consiguen lo que quieren, desaparecen. Como mentor, te digo: esa es la forma más rápida de quedarte solo en la cima. La verdadera maestría social busca el **bien común**. Marco Aurelio decía que lo que no es bueno para la colmena, no es bueno para la abeja. Si tu red prospera, tú prosperas. Si pisas a los demás para subir, te aseguro que te los vas a encontrar de frente cuando te toque bajar. Y créeme, en 30 años de carrera he visto a muchos bajar más rápido de lo que subieron.

9. Ejercicios para construir tu Red desde mañana

1. **La Auditoría de Contactos:** Haz una lista de las 10 personas más influyentes en tu sector o en tu círculo social. ¿A cuántas de ellas has ayudado en el último año? Si la respuesta es cero, ya tienes trabajo.
2. **El Conector Semanal:** Ponte como meta presentar a dos personas de tu red que no se conozcan entre sí pero que puedan beneficiarse de esa unión. Hazlo sin pedir nada. Verás cómo tu estatus social sube como la espuma.
3. **La Pregunta de Oro:** En tu próxima conversación, cuando estés terminando, haz esta pregunta: "¿Hay algo en lo que yo pueda ayudarte ahora mismo o alguien a quien necesites conocer?". Esa frase es la llave maestra del networking con alma.

Conclusión del capítulo

El networking no es una actividad sucia de ventas. Es el arte de cultivar un jardín humano. Si cuidas la tierra, si riegas las plantas y si tienes paciencia, el jardín te dará sombra y frutos durante el resto de tu vida. Pero si entras a saco a arrancar los frutos antes de tiempo, te quedarás con un campo yermo.

Ya tienes la oratoria para inspirar, la micro-comunicación para entender y ahora el networking para expandirte. Estás dejando de ser una isla para convertirte en un continente.

En el próximo capítulo adicional, vamos a ver la herramienta final de la maestría interpersonal: **La Negociación en la Vida Real**. Porque, tarde o temprano, tendrás que llegar a acuerdos, y quiero que sepas hacerlo sin perder tu paz ni tu integridad.

CAPÍTULO 8: El Protocolo Social del Siglo XXI

Cómo navegar Cenas, Bodas y Eventos sin morir de vergüenza

Seguro que te ha pasado. Te llega una invitación para una boda "de etiqueta", una cena de gala de tu empresa o un evento de esos donde parece que todo el mundo sabe exactamente qué hacer menos tú. Te entran los sudores fríos pensando en qué ropa ponerte, cómo saludar a alguien importante o, peor aún, qué demonios hacer con ese arsenal de cubiertos que parece diseñado para una intervención quirúrgica más que para comerse un filete.

Muchos asocian la palabra "protocolo" con algo rancio, aristocrático o propio de gente que vive en otra época. ¡Nada más lejos de la realidad! El protocolo no es más que el **lubricante de las relaciones sociales**. Son las reglas del juego que nos permiten interactuar con extraños reduciendo al mínimo la fricción. Si conoces las reglas, te mueves con seguridad. Si las ignoras, vas por el mundo como un elefante en una cristalería, rompiendo Rapports sin darte cuenta y cerrándote puertas que ni siquiera sabías que existían.

En este capítulo vamos a modernizar el concepto de protocolo. Vamos a quitarle la peluca empolvada y le vamos a poner una armadura de sentido común, estoicismo y elegancia mundana. Porque, al final, la verdadera educación no es saber cuál es el tenedor del pescado, sino hacer que los que te rodean se sientan cómodos y respetados.

1. La Neurociencia del Orden Social: Por qué necesitamos las reglas

¿Por qué nos sentimos tan incómodos en un evento donde no conocemos las normas? Porque tu cerebro odia la incertidumbre. Tu amígdala está constantemente buscando "patrones de seguridad". Cuando entras en un entorno donde no sabes cómo actuar, tu sistema de alerta se dispara: *"¿Me estarán juzgando?", "¿Estaré haciendo el ridículo?", "¿Soy el único que no sabe de qué va esto?"*.

- **La reducción de la carga cognitiva:** Las reglas de protocolo sirven para que el cerebro no tenga que decidirlo todo desde cero cada vez. Si sabes que se saluda primero al anfitrión, que no se empieza a comer hasta que todos están servidos y que el móvil no se pone sobre la mesa, liberas "memoria RAM" en tu cerebro. Esa energía que ahorras la puedes usar para lo que realmente importa: conectar con la gente, ser carismático e influir de manera ética.
- **El Efecto Halo:** Como bien sabes, yo **NO SOY PSICÓLOGO**, pero he estudiado lo suficiente el comportamiento humano para

decirte que la primera impresión es un martillo. Si tu comportamiento en los primeros cinco minutos de un evento es impecable, la gente asumirá (sesgo de confirmación mediante) que eres una persona competente, de fiar y exitosa en todo lo demás. La buena educación es el mejor atajo para la autoridad.

2. La Invitación: El contrato sagrado

El protocolo empieza mucho antes de que te pongas la chaqueta. Empieza en el momento en que recibes una invitación.

- **El "Confirmar Asistencia" (RSVP):** Ignorar una invitación o confirmar a última hora es un ingreso masivo de saldo negativo en tu cuenta bancaria emocional con el anfitrión. Demuestra una falta de respeto por su tiempo y su logística. Como estoico, practica la **disciplina del compromiso**. Si dices que vas, vas. Si no puedes, dilo con honestidad y rapidez.
- **La Dicotomía del Control en la Invitación:** Tú controlas tu respuesta y tu puntualidad. No controlas si el anfitrión se enfada porque no puedes ir. Si tu motivo es sólido y lo comunicas con asertividad, has cumplido con tu parte. El "qué dirán" no es asunto tuyo una vez que has actuado con integridad.

3. La Estética como Respeto: No es vanidad, es mensaje

Hablemos del *dress code*. *"Lo importante es el interior"*, dicen algunos. ¡Venga ya! Eso díselo a un cirujano que entre en el quirófano en bañador. Tu imagen es tu primera tarjeta de visita y, en un evento social, es una muestra de respeto hacia quien te ha invitado.

- **Adecuación al contexto:** Ir demasiado arreglado es incómodo; ir demasiado informal es una falta de respeto. Si la invitación dice "traje oscuro", te pones traje oscuro. No intentes ser el "rebelde" de la fiesta; el rebelde sin causa en un evento formal solo parece alguien que no sabe dónde está.
- **La mirada:** Tu ropa debe ser tu armadura, no tu disfraz. Si vas incómodo, tu lenguaje corporal (Micro-comunicación) te delatará. Busca la excelencia en la sobriedad. Como decía Coco Chanel, y esto se aplica perfectamente a los hombres: *"La elegancia es la renuncia"*. Renuncia a lo excesivo, a lo chillón, a lo que grita por atención. Que tu presencia hable más que tu corbata.

4. La Mesa: El campo de batalla de la elegancia

Aquí es donde la mayoría de los hombres pierden los papeles. La mesa es el lugar donde más se nota quién ha entrenado sus habilidades sociales y quién ha vivido en una cueva.

- **Los cubiertos: La ley de fuera hacia dentro.** No tiene pérdida. Se empieza por los que están más lejos del plato. No hagas un drama de esto; si te equivocas, usa la ironía: *"Parece que hoy el tenedor ha decidido ir por libre"*.
- **El ritmo de la comida:** Acompásate (Pacing) al ritmo de los demás. No devores el plato como si no hubieras comido en tres días, ni te quedes rezagado dando un discurso. La mesa es para conversar, la comida es la excusa.
- **La servilleta:** Es para limpiarse los labios, no para secarse el sudor de la frente ni para sonarse los mocos. Parece obvio, pero te aseguro que en mis 30 años de carrera he visto de todo en cenas de directivos.

5. El Smartphone: El invitado fantasma

Este es el gran cáncer del protocolo del siglo XXI. Poner el móvil sobre la mesa es como invitar a un desconocido a que se siente entre tú y tu interlocutor y os interrumpa cada treinta segundos.

- **Presencia Total:** Si estás en una cena o un evento, tu atención debe estar allí al 100%. Sacar el móvil para mirar Instagram o contestar un WhatsApp no urgente es un "Sincericidio Social". Estás diciendo: *"Cualquier píxel en esta pantalla es más interesante que el ser humano que tengo delante"*.

- **La excepción estoica:** Si realmente esperas una llamada vital (un hijo enfermo, una crisis de negocio), avisa antes de empezar: *"Perdonadme, hoy tengo que estar pendiente del teléfono por un asunto familiar urgente. Lo dejo en el bolsillo en vibración y si suena tendré que retirarme un segundo"*. Al avisar, transformas una falta de respeto en un acto de transparencia y asertividad.

6. La Conversación Social: Evitando las "minas"

En un evento social, el objetivo es el Rapport y el disfrute, no ganar un debate político.

- **Temas Prohibidos (Las 3 R):** Religión, Riqueza (dinero) y Política Radical. A menos que conozcas muy bien a la audiencia, estos temas son minas terrestres que rompen la armonía.
- **La Escucha de Nivel 3 en el cóctel:** No seas el tipo que solo habla de sí mismo. Usa las preguntas abiertas que aprendimos. *"¿Cómo conociste al anfitrión?"*, *"¿Qué es lo que más te está gustando del evento?"*. Haz que el otro brille. Tú serás el que hace que la gente se sienta inteligente y fascinante cuando habla con él.
- **Gestión de la copa y el canapé:** Una regla de oro de la trinchera social: mantén siempre la mano derecha libre. Si sostienes la copa con la derecha, cuando vayas a saludar tendrás la mano fría y mojada. Sostén la copa con la izquierda. Parece una tontería, pero

el tacto de una mano cálida y seca en el primer saludo es un ingreso de saldo masivo en la confianza del otro.

7. El Alcohol: El test de integridad

No te voy a decir que no bebas. No soy tu padre ni tu médico. Pero te diré esto como mentor: el alcohol es el suero de la verdad. Si bajo los efectos del alcohol te conviertes en un tipo pesado, agresivo o excesivamente bromista, ese es el "elefante" que realmente llevas dentro y que normalmente tienes bajo control.

- **Mantén la guardia:** En un entorno profesional o social formal, nunca pases de la segunda copa. La pérdida de control motor y verbal es la muerte de tu carisma. No hay nada menos magnético que un hombre que balbucea o que se cree más gracioso de lo que es porque tiene el juicio nublado por el vino.
- **El ejemplo de Séneca:** *"La embriaguez no es otra cosa que una locura voluntaria"*. No regales tu razón por un par de copas gratis. Debes mantener tu ataraxia incluso con una copa en la mano.

8. La Elegancia en la Salida: El arte de irse a tiempo

Tan importante es entrar bien como saber irse.

- **No seas el "último de la fila":** No obligues al anfitrión a bostezar para que te vayas. Es mejor irse cuando la fiesta está en lo más alto y dejar con ganas de más, que arrastrarse por el salón cuando ya están recogiendo las mesas.
- **La despedida francesa:** En eventos muy grandes (más de 50 personas), no es necesario despedirse de todo el mundo. Despídete del anfitrión, agradécele el detalle y retírate con discreción. Hacer una ronda de despedida de una hora solo interrumpe el flujo del evento.
- **El agradecimiento posterior:** Un mensaje al día siguiente agradeciendo la invitación es el "toque de gracia" que consolida tu imagen de hombre educado y asertivo.

9. Ironía y el "Postureo" Social

En estos eventos te vas a encontrar con mucho "fantasma". Gente que vive de la apariencia, que presume de contactos que no tiene y que mira por encima del hombro.

- **Usa tu visión:** No te sientas inferior ni entres en su juego de competición de egos. Mira la situación con esa ironía elocuente que estamos practicando. Observa la comedia humana. Al no necesitar demostrar nada, te vuelves automáticamente la persona más poderosa de la sala. La verdadera elegancia es no tener nada que ocultar y nada que demostrar.

10. Ejercicios de Entrenamiento de Etiqueta

Para que no te pille el toro en tu próximo evento:

1. **Cena de Entrenamiento:** Esta noche, aunque estés solo o con tu familia, pon la mesa como si fuera una cena de gala. Usa los cubiertos adecuados, no pongas el móvil en la mesa y mantén una postura erguida. Practica la elegancia en lo cotidiano para que te salga natural en lo extraordinario.
2. **El Saludo con la Izquierda:** Practica en tu próxima reunión o café el sostener la bebida con la mano izquierda. Observa la diferencia de seguridad que te da tener la mano derecha siempre lista y seca para el saludo.
3. **El "No" al Smartphone:** La próxima vez que quedes con alguien, aunque sea para un café rápido, haz el pacto de "móviles en el bolsillo/bolso" durante toda la charla. Nota cómo mejora la calidad del Rapport y la profundidad de la conversación.

Conclusión del Capítulo

El protocolo no es una cárcel de normas aburridas; es el mapa que te permite moverte por territorios desconocidos con la seguridad de un conquistador. Cuando dominas las formas, el fondo de tu mensaje llega con mucha más fuerza.

Como suelo decir, la educación es como el aire: no se nota hasta que falta. Asegúrate de que en tu presencia el aire sea siempre puro, fresco y cargado de respeto. Una persona auténtica es aquella que sabe estar tanto en una taberna como en un palacio, manteniendo siempre su integridad, su humor y su clase.

Con este capítulo, hemos aterrizado la maestría social a la realidad más mundana y exigente. Ya no tienes excusa para no brillar en cualquier escenario que la vida te ponga por delante.

Ahora sí, estamos listos para entrar en la fase final de este volumen. Vamos a consolidar todo este conocimiento y a trazar tu **Plan de Acción Definitivo**. Es el momento de dejar de leer y empezar a liderar.

CAPÍTULO 9: Superando obstáculos y desafíos

Cómo afrontar la timidez y la ansiedad social

Párate un segundo. Respira. Seguramente conoces esa sensación: las manos te empiezan a sudar, el corazón parece que quiere salir disparado por la boca y, de repente, tu cerebro, ese que es capaz de resolver problemas complejos de ingeniería o de recordar la alineación de tu equipo de fútbol de hace diez años, se queda en blanco. Absolutamente vacío. Como un ordenador viejo que se cuelga justo cuando más lo necesitas.

Bienvenido al mundo de la **ansiedad social**. Y lo primero que te voy a decir, con la cercanía de quien ha estado ahí y ha visto a miles de personas en la misma situación, es que no eres un bicho raro. No estás roto. Simplemente tienes un sistema operativo biológico que está siendo demasiado eficiente en una tarea que ya no es necesaria.

1. La Biología del Pánico: El error de cálculo de tu amígdala

Para superar la timidez y la ansiedad, primero tienes que entender qué narices está pasando dentro de tu cráneo. Como bien sabes, yo **NO SOY PSICÓLOGO**, pero me apasiona la neurociencia aplicada al rendimiento.

Tu cerebro tiene una pieza pequeña llamada amígdala. Es tu radar de amenazas.

Hace 50.000 años, si la tribu te rechazaba, estabas muerto. Punto. No había supermercados ni calefacción central. El rechazo social era una sentencia de muerte porque solo, ante la naturaleza, no durabas ni un asalto. Por eso, tu cerebro aprendió a tratar el "qué dirán" con la misma urgencia que el ataque de un depredador.

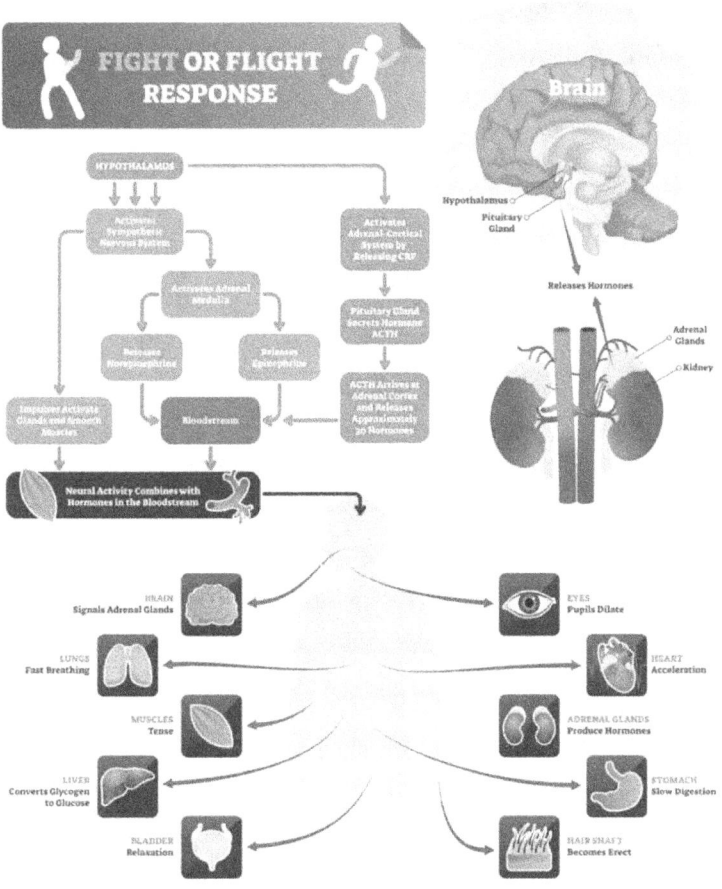

El problema es que hoy, en pleno siglo XXI, tu amígdala no distingue entre un león hambriento y un grupo de compañeros de trabajo tomando café. Para tu cerebro primitivo, esa mirada de juicio de un desconocido activa el mismo protocolo de "lucha o huida". El cortisol inunda tu sangre y tu corteza prefrontal —la parte inteligente que sabe qué decir— se apaga para ahorrar energía. El resultado es que te quedas bloqueado.

Superar la ansiedad social no es "dejar de sentir miedo" (eso es imposible, a menos que seas un psicópata), sino aprender a decirle a tu amígdala: "Gracias por el aviso, pero aquí no hay leones, solo gente con sus propias inseguridades".

2. Timidez vs. Ansiedad Social: No los confundas

Mucha gente dice "soy tímido" cuando lo que tienen es un miedo paralizante. Hay una diferencia sutil pero vital:

- **La Timidez:** Es un rasgo de personalidad. Es esa cautela inicial ante lo desconocido. El tímido tarda en calentar, pero una vez que entra en confianza, fluye. No es necesariamente un problema si no te impide lograr tus metas.
- **La Ansiedad Social:** Es el miedo al juicio. Es la convicción de que vas a hacer el ridículo, de que te van a evaluar negativamente y de que eso será una catástrofe. Es el "elefante" emocional del

que hablábamos en el Volumen 1, que ha entrado en pánico y ha tomado las riendas.

Desde el coaching, no nos importa tanto la etiqueta. Lo que nos importa es el grado en que esto te limita. Si dejas de ir a sitios, si no pides ese aumento de sueldo o si no conoces a gente interesante por este miedo, tenemos trabajo que hacer. Y lo vamos a hacer con la disciplina de un entrenamiento de pesas: repetición, carga progresiva y mucha paciencia estoica.

3. El Efecto Foco: No eres el centro del universo (y es una buena noticia)

Uno de los mayores motores de la ansiedad es lo que en psicología cognitiva llaman el **Efecto Foco (Spotlight Effect)**. Estamos convencidos de que todo el mundo está mirando nuestro sutil temblor de manos, o que todos se han fijado en que nos hemos trabado al decir una palabra.

Déjame decirte algo que puede que te hiera un poco el ego, pero que te va a liberar: a la gente le importas bastante menos de lo que crees. Cada persona que ves por la calle está atrapada en su propio monólogo interno, preocupada por sus propios problemas, por sus deudas, por su familia o por ese grano que le ha salido en la nariz.

Cuando entras en una sala, la gente no está evaluando tu valía como ser humano. Están pensando en qué van a cenar o en si han dejado el gas encendido. Entender que eres un "extra" en la película de los demás, igual que ellos lo son en la tuya, te quita una presión inmensa de encima.

MANEJANDO EL MIEDO AL RECHAZO Y LAS CRÍTICAS

Si hay algo que detiene más proyectos y destruye más sueños que la falta de dinero o de talento, es el miedo al rechazo. Ese "no" que resuena en nuestra cabeza antes incluso de haber hecho la pregunta. Pero vamos a analizarlo con la frialdad de un filósofo estoico.

1. La Dicotomía del Control ante el Rechazo

Ya sabes que el estoicismo es mi brújula. Epicteto decía que hay cosas que dependen de nosotros y cosas que no. Pues bien, apunta esto en grande en tu cabeza: **El rechazo no depende de ti.**

Tú puedes ser la persona más amable, asertiva y carismática del mundo, y aun así habrá gente a la que no le gustes. Puedes hacer una presentación impecable y habrá alguien que te critique. ¿Por qué? Porque el juicio de los demás depende de sus valores, de sus miedos, de su mal día o de sus prejuicios.

El éxito de tu propia vida reside en el proceso, no en el resultado. Si has actuado con integridad, si has usado las técnicas de comunicación que estamos viendo y has sido auténtico, tu "victoria" ya se ha producido. Si el otro dice "no", es su pérdida o simplemente una incompatibilidad de frecuencias. No permitas que el juicio de alguien que ni siquiera conoce tu mapa interno defina tu valor.

2. La Crítica: Cómo distinguir el abono de la basura

No todas las críticas son iguales. Hay que aprender a filtrarlas para no volverse loco.

- **La Crítica Constructiva (El Abono):** Es aquella que viene de alguien que te aprecia o que sabe más que tú, y que se enfoca en tu comportamiento, no en tu identidad. "Creo que si hablaras un poco más despacio, tu mensaje llegaría mejor". Esto es oro puro. Úsalo para crecer.
- **La Crítica Destructiva (La Basura):** Es la que busca herir o proyectar las frustraciones del otro. "Eres un inútil", "No vales para esto". Esto no es información, es ruido estático. Y al ruido se le hace lo mismo que a los trolls de internet: se les ignora.

Como mentor, te sugiero que cuando recibas una crítica, te hagas tres preguntas socráticas:

1. ¿Es verdad lo que dice?
2. ¿Quién lo dice? (¿Es alguien cuyo criterio respeto?).
3. ¿Me sirve para mejorar? Si la respuesta es "no" a las tres, desecha esa información de inmediato. No tiene sitio en tu cuenta bancaria emocional.

SUPERANDO LA COMUNICACIÓN NEGATIVA Y LOS PATRONES DE PENSAMIENTO DESTRUCTIVOS

Tu peor enemigo no está en la oficina, ni es tu competencia, ni es ese vecino pesado. Tu peor enemigo es esa voz interna que te habla por la noche y te dice que no eres suficiente. Esa "radio interna" que emite en la frecuencia del pesimismo las 24 horas del día.

1. Los Saboteadores Cognitivos

En el coaching detectamos patrones que se repiten. Son como virus informáticos en tu software mental:

- **Lectura de mente:** "Seguro que piensa que soy un aburrido". No eres adivino. Deja de intentar leer mentes ajenas, normalmente solo estás proyectando tus propias inseguridades.
- **Catastrofismo:** "Si me equivoco en esta frase, todos se reirán y perderé el respeto de mi equipo para siempre". Venga, hombre, un poco de seriedad. Ni eres tan importante ni el mundo es tan dramático.
- **Etiquetado:** "Soy un desastre". No, has tenido un fallo. Un comportamiento no es una identidad. Decir "soy un desastre" es como decir que porque hoy llueve, el clima de tu ciudad es el de la selva tropical.

2. Reestructuración Cognitiva: Hackea tu diálogo interno

Aquí es donde aplicamos la ironía. Cuando te pilles a ti mismo diciéndote una barbaridad, trata a esa voz como si fuera un personaje ridículo.

Si tu mente te dice: "Vas a hacer el ridículo", respóndele: "Vaya, gracias por el guion de la película, Spielberg, pero hoy vamos a rodar otra escena". Quítale poder a través del humor.

Desde el punto de vista del coaching, cambiamos el "es que yo soy así" por "estoy aprendiendo a gestionar esto". El lenguaje crea realidad. Si tu lenguaje interno es negativo, tu realidad social será un campo de minas. Si empiezas a hablarte con la misma compasión y firmeza con la que le hablarías a un buen amigo, todo el juego cambia.

ESTRATEGIAS PARA LIDIAR CON PERSONAS DIFÍCILES Y SITUACIONES CONFLICTIVAS

Todos tenemos a ese "especialista" en nuestra vida que parece haber sido enviado por el universo solo para ponernos a prueba. El jefe autoritario, el compañero que se cuelga tus medallas o el familiar que siempre sabe qué decir para que te sientas culpable.

1. Aikido Verbal: El arte de no chocar

En el Volumen 1 introdujimos la idea de no dispararse en el pie. Aquí vamos a aprender a no dejar que otros nos disparen. El Aikido es un arte marcial que usa la fuerza del oponente para neutralizarlo. En la comunicación, hacemos lo mismo.

- **El Banco de Niebla:** Cuando alguien te lanza un ataque personal ("Vaya corbata más fea llevas hoy"), no te defiendas. La defensa es una confesión de debilidad. Di: "Es posible que no sea la corbata

más bonita del mundo. Por cierto, ¿tienes el informe que te pedí?". Has aceptado la posibilidad (la niebla), pero no el golpe.
- **La Pregunta de Desarme:** Cuando alguien sea agresivo, hazle una pregunta que le obligue a usar su parte racional. "¿Qué parte específica de mi propuesta es la que no te encaja?". Esto saca al otro de su amígdala y le obliga a pensar.

2. Estableciendo Límites Estoicos

Lidiar con personas difíciles no es ser un santo que lo aguanta todo. Eso no es virtud, eso es ser un felpudo. La virtud estoica incluye la justicia y el valor.

Poner un límite es un acto de respeto hacia ti mismo y hacia el otro. Si permites que alguien te falte al respeto, le estás enseñando cómo tratarte.

- **Técnica:** "Entiendo que estés estresado, pero no voy a permitir que me hables en ese tono. Cuando estés más tranquilo, seguimos conversando". Y te vas. Eso es poder. Eso es control emocional.

FORTALECIENDO LA AUTOESTIMA Y LA AUTOCONFIANZA

Para cerrar este bloque, hablemos del motor de todo: lo que piensas de ti mismo cuando no hay nadie mirando.

1. La Autoestima no es lo que crees

Mucha gente confunde autoestima con "sentirse bien siempre". ¡Mentira! La autoestima es la capacidad de aceptarte con tus luces y tus sombras. Es saber que, aunque hoy hayas tenido una interacción social desastrosa, tu valor intrínseco como ser humano sigue intacto.

La autoconfianza, por otro lado, se basa en la competencia. ¿Quieres tener más confianza al hablar en público? Habla en público. No hay atajos. La confianza es el resultado de la acción, no el requisito previo. En el gimnasio no esperas a "sentirte fuerte" para levantar la pesa; levantas la pesa para sentirte fuerte.

2. El Diario de Éxitos y la Disciplina

Te voy a dar una herramienta: el **Diario de Éxitos Sociales**. Cada noche, escribe tres pequeñas victorias. "Hoy he saludado al vecino que me daba corte", "Hoy he mantenido el contacto visual en la reunión", "Hoy he dicho 'no' a ese favor que no quería hacer".

Nuestro cerebro tiene un sesgo de negatividad (herencia de la supervivencia). Tiende a recordar el único error y olvidar los cien aciertos. Escribirlo obliga a tu cerebro a recalibrarse. Estás entrenando a tu mente para que vea tus fortalezas en lugar de obsesionarse con tus debilidades.

Conclusión del capítulo

Superar los obstáculos sociales no es una cuestión de "querer muy fuerte" o de esperar a que un día el miedo desaparezca por arte de magia. El miedo es parte del equipaje del ser humano. Lo que estamos haciendo aquí es aprender a llevar la maleta con elegancia y que no sea ella la que nos lleve a nosotros.

Como mentor, te digo que cada situación difícil que enfrentas es una serie de entrenamiento. Cada rechazo es información. Cada crítica es una oportunidad de practicar tu ataraxia.

Si eres capaz de gestionar tu mundo interno en mitad del caos social, te vuelves invencible. Porque entonces tu felicidad ya no depende del permiso de los demás. Eres libre.

En la siguiente y última parte de este volumen, vamos a aterrizar todo esto. Vamos a crear tu **Plan de Acción Personalizado**. Vamos a dejar de hablar y vamos a empezar a ejecutar. Porque, como solemos decir en el mundo del entrenamiento: "El saber no ocupa lugar, pero el hacer es lo que construye el cuerpo (y la vida) que quieres".

CAPÍTULO 10: Negociación en la Vida Real

El Arte de llegar a Acuerdos sin perder la Paz

Hablemos de una verdad incómoda que a muchos les cuesta tragar: tu vida es una negociación ininterrumpida que dura las 24 horas del día. Desde que te despiertas y negocias con tu propia mente si te levantas ya o te quedas cinco minutos más en la cama, hasta que negocias con tu pareja qué serie ver por la noche, pasando por el sueldo que percibes, las condiciones de tu contrato o quién va a bajar la basura esta vez.

Si crees que la negociación es algo que solo hacen los tipos con corbata en las plantas 40 de los rascacielos de cristal, estás muy equivocado. Negociar es la habilidad social suprema. Es el arte de gestionar el conflicto de intereses de manera que ambas partes sientan que han ganado algo, o al menos, que no han sido estafadas. Y en este Volumen 2, vamos a despojar a la negociación de esa pátina de "frialdad empresarial" para convertirla en una herramienta de supervivencia y bienestar emocional. Porque nada quema más energía que un acuerdo mal cerrado o una concesión hecha por miedo.

1. El mito del "Tiburón" vs. El Negociador Diamond

Durante décadas, nos han vendido la imagen del negociador agresivo, ese "tiburón" que llega, grita, impone sus condiciones y sale de la sala dejando un rastro de sangre y resentimiento. ¡Menuda estupidez! Te digo que ese estilo de negociación es el más ineficiente del mundo. ¿Por qué? Porque destruye el capital social. Puedes ganar una vez, pero te aseguro que esa persona no volverá a negociar contigo, y si puede, te la devolverá con intereses.

- **La negociación como construcción de puentes:** Negociar no es vencer. Negociar es resolver un puzle donde las piezas son las necesidades de dos personas.
- **La trampa del compromiso mediocre:** A veces, por "evitar el conflicto" (ese obstáculo que analizamos en capítulos anteriores), aceptamos soluciones que no gustan a nadie. Eso no es negociar, es claudicar. Un buen acuerdo es aquel que es sostenible en el tiempo porque respeta la lógica de ambas partes.

2. El "No" como punto de partida, no como final

Aquí es donde la mayoría de la gente se rinde. Escuchan un "no" y su amígdala entra en pánico. Sienten el rechazo como un ataque personal y se retiran o atacan. Gran error.

Como bien sabes, yo **NO SOY PSICÓLOGO**, pero he estudiado a los mejores negociadores de rehenes del mundo, como Chris Voss, y todos coinciden en algo: la negociación real empieza cuando alguien dice "no".

- **El "No" te protege:** Cuando alguien dice "no", se siente seguro, siente que tiene el control. Tu labor no es evitar ese "no", sino entender qué hay detrás.
- **La pregunta de oro:** En lugar de intentar convencer al otro de por qué tu idea es buena, pregúntale: "¿Qué es lo que hace que esto no te encaje?". Al hacer esto, pasas de la confrontación a la colaboración. Estás invitando al otro a que te ayude a resolver el problema.

3. La Empatía Táctica: Entrar en el mapa del otro

En el Volumen 1 hablamos de la empatía, pero en la negociación la llevamos a un nivel estratégico. No se trata de "sentir lo que el otro siente" (eso te haría blando y vulnerable), se trata de **entender lo que el otro piensa y por qué lo piensa**.

- **El Etiquetado Emocional:** "Parece que te preocupa mucho el plazo de entrega", "Parece que sientes que esta propuesta no valora tu esfuerzo". Al etiquetar la emoción o el miedo del otro, desactivas su amígdala. Le estás diciendo: "Te escucho, te entiendo y no soy una amenaza".

- **La validación no es acuerdo:** Puedes validar que tu jefe esté estresado sin aceptar que te hable mal. "Entiendo que la presión por los resultados es inmensa, pero para que yo pueda dar lo mejor de mí, necesito que nuestra comunicación sea constructiva". Has usado el Rapport para poner un límite asertivo.

4. Intereses vs. Posiciones: No pelees por la naranja

Hay una historia clásica en negociación que ilustra esto a la perfección. Dos hermanas se pelean por una naranja. Ambas la quieren. La solución "justa" parece ser cortarla por la mitad. Pero al hacerlo, una usa su mitad para hacerse un zumo y tira la cáscara, y la otra usa la ralladura de la cáscara para un bizcocho y tira la pulpa. Si hubieran negociado por **intereses** y no por **posiciones**, ambas habrían tenido la naranja entera para lo que necesitaban.

- **La Posición:** "Quiero este sueldo", "Quiero que limpies tú la cocina", "Quiero este descuento".
- **El Interés:** "¿Para qué quieres eso?". Quizá el empleado quiere el sueldo para sentirse valorado, quizá la pareja quiere la cocina limpia para reducir su estrés, quizá el cliente quiere el descuento para entrar en presupuesto. Si entiendes el "para qué", las opciones de acuerdo se multiplican.

5. La Dicotomía del Control en la Mesa de Negociación

Volvemos a nuestro GPS estoico. Si entras en una negociación con la necesidad imperiosa de que el otro te diga que sí, has perdido antes de empezar. El otro olerá tu necesidad y la usará en tu contra.

- **Aplica a Séneca:** "La mayor riqueza es no desear nada". En negociación, esto se traduce en tener un **MAAN** (Mejor Alternativa a un Acuerdo Negociado). Si sabes qué vas a hacer si no llegas a un acuerdo, tu poder de negociación se dispara.
- **Lo que controlas:** Tu preparación, tu tono de voz, tus preguntas, tu escucha activa y tu integridad.
- **Lo que NO controlas:** La decisión final del otro, su terquedad o su falta de visión. Si el acuerdo no se cierra porque las condiciones son inaceptables para tus valores, eso es un éxito, no un fracaso. Aprende que "ningún acuerdo es mejor que un mal acuerdo".

6. El Lenguaje de la Negociación: Menos afirmaciones, más preguntas

El negociador mediocre intenta convencer; el maestro intenta descubrir.

- **Preguntas Calibradas:** Son preguntas que empiezan por "¿Cómo?" o "¿Qué?". Obligan al otro a trabajar para ti.

- En lugar de decir: "No puedo pagar eso", pregunta: "¿Cómo se supone que voy a cuadrar esto con el presupuesto actual?".
- En lugar de decir: "Eso es injusto", pregunta: "¿Qué es lo que te lleva a pensar que esta es una oferta equilibrada?". Estas preguntas sacan al interlocutor de su modo instintivo y le obligan a usar la lógica. Además, le dan la sensación de que es él quien está encontrando la solución.

7. Ironía y el "Regateo Emocional"

En toda negociación hay una parte de teatro. La gente necesita sentir que ha "ganado" algo, que te ha "sacado" una concesión.

- **Usa la ironía con elegancia:** Si alguien te hace una oferta ridículamente baja, no te enfades. Sonríe con esa ironía elocuente que estamos practicando y di: "Vaya, parece que hoy te has levantado con ganas de hacerme un regalo de Navidad anticipado". El humor desdramatiza la tensión y te posiciona como alguien que no se deja intimidar.
- **La técnica del "Farol" ajeno:** Cuando detectes que alguien miente (Micro-comunicación), no le llames mentiroso. Eso rompe el Rapport. Simplemente haz una pregunta que ponga en evidencia

la contradicción. "Si esto es tan urgente como dices, ¿qué es lo que ha impedido que lo resolviéramos la semana pasada?".

8. La Ética del Acuerdo: El legado que dejas

Como mentor, te recuerdo que tu reputación viaja más rápido que tus éxitos. Si negocias pisoteando al otro, te ganarás fama de poco de fiar. Y en un mundo tan conectado como el de hoy, eso es el suicidio profesional.

- **Busca la integridad:** Un acuerdo Diamond es aquel que, si se publicara mañana en la prensa, no te avergonzaría.
- **El "Efecto Eco":** Cómo terminas una negociación es cómo empiezas la siguiente. Si el otro se va sintiendo que le has escuchado y respetado, la próxima vez será mucho más fácil llegar a un acuerdo.

9. Ejercicios para entrenar tu capacidad de Negociación

No esperes a la gran negociación de tu vida para practicar. Empieza mañana con "pesas ligeras":

1. **Negocia un descuento pequeño:** Ve a un sitio donde el precio no sea fijo (un mercado, una tienda local) e intenta conseguir una pequeña rebaja o un extra gratis usando preguntas calibradas.

"¿Cómo podríamos hacer para que este precio encajara mejor en mi presupuesto de hoy?".
2. **El "No" del día:** Pide algo que sepas que te van a decir que no (un café gratis, una salida antes de tiempo). El objetivo no es conseguirlo, sino acostumbrarte a escuchar el "no" sin que se te acelere el pulso. Desensibiliza tu amígdala.
3. **Identifica intereses:** En tu próxima discusión doméstica o laboral, para un segundo y pregúntate: "¿Qué es lo que realmente quiere esta persona detrás de lo que me está pidiendo?". Intenta nombrar ese interés en voz alta.

Conclusión del capítulo

Negociar no es una guerra; es un baile. A veces guías tú, a veces te dejas guiar, pero el objetivo es que la música no pare. Cuando dominas el arte de llegar a acuerdos, dejas de ser una víctima de las circunstancias para convertirte en un agente activo de tu propio destino.

Has aprendido a entenderte (Vol. 1), a conectar (Vol. 2), a inspirar desde un escenario y a tejer una red de contactos. Con la negociación, cierras el círculo de la maestría interpersonal. Ahora tienes las herramientas para navegar cualquier conflicto y salir de él con tu integridad intacta y tus objetivos cumplidos.

Ahora, estamos listos. Ya no hay más teoría que añadir. Es el momento de la verdad. En la siguiente parte, vamos a aterrizar todo este arsenal en tu **Plan de Acción Final**. Vamos a convertir este libro en tu nueva realidad.

CAPÍTULO 11: EL PLAN DE ENTRENAMIENTO "DIAMOND"

De la Teoría a la Calle

Llegados a este punto del Volumen 2, tengo una noticia buena y una que, si eres de los que buscan el camino fácil, te va a escocer un poco. La buena es que ya tienes en tu cabeza más herramientas de comunicación, persuasión y psicología práctica que el 95% de la población. La otra es que, si cierras este libro ahora mismo y no haces nada con lo que has leído, habrás perdido el tiempo. Y a mí, como mentor que lleva en las trincheras desde 1993, no me gusta que me hagan perder el tiempo, ni me gusta que tú lo pierdas.

En el mundo del coaching, llamamos a esto "obesidad intelectual". Es esa manía de devorar libros, cursos y podcasts creyendo que, por el simple hecho de saber la teoría, nuestra realidad va a cambiar por arte de magia. Siento decirte que el cerebro no funciona así. Puedes saberte de memoria la biomecánica de la sentadilla, pero si no te metes debajo de la barra y empujas, tus piernas van a seguir igual de flojas.

Las habilidades sociales son un músculo. Y este capítulo es tu rutina de gimnasio. Vamos a diseñar tu plan de acción para que dejes de ser un espectador y te conviertas en el protagonista de tu vida social.

1. La Neurociencia del Hábito Social: ¿Por qué cuesta tanto cambiar?

Para que no te frustres el tercer día, quiero que entiendas qué está pasando en tu cráneo. Tu forma de relacionarte actual —sea la timidez, la agresividad o ese silencio incómodo— es una autopista neuronal de ocho carriles perfectamente asfaltada. Tu cerebro la usa porque es fácil, rápido y gasta poca energía.

Cuando intentas aplicar una técnica nueva, como el Rapport o la escucha de Nivel 3 que hemos visto, estás intentando abrir un sendero nuevo en mitad de una selva virgen. Tienes que machetear la maleza, hay piedras, te cansas... y tu cerebro, que es un vago redomado por pura supervivencia, te grita: *"Oye, vuelve a la autopista, que allí se va más cómodo"*.

La **Plasticidad Neuronal** nos dice que ese sendero se convertirá en autopista solo si lo pisas una y otra vez. No son 21 días mágicos como dicen los libros de autoayuda barata; consolidar un comportamiento complejo puede llevarte meses. Así que, paciencia estoica. No esperes ser un el número uno en una semana. Espera ser un 1% mejor cada día. Como decía la filosofía japonesa del **Kaizen**, los pequeños cambios constantes generan resultados masivos a largo plazo.

2. Estableciendo Metas SMART: Deja de "intentarlo" y empieza a "hacerlo"

En mis sesiones de coaching, cuando alguien me dice "quiero tener más confianza", yo le respondo: "Eso no significa nada". Las metas vagas producen resultados vagos. Para que tu plan de acción funcione, tus objetivos deben ser **SMART** (Específicos, Medibles, Alcanzables, Relevantes y con un Tiempo definido).

Vamos a poner ejemplos reales de lo que hemos trabajado en este Volumen 2:

- **Meta Vaga:** "Quiero ser más influyente en el trabajo".
- **Meta SMART:** "Durante las próximas cuatro semanas, en cada reunión de departamento de los jueves, voy a proponer al menos una idea usando la estructura de 'El Gancho' y la 'Llamada a la Acción' que aprendí en el capítulo de Oratoria".
- **Meta Vaga:** "Quiero mejorar mi networking".
- **Meta SMART:** "De aquí a final de mes, voy a contactar con tres personas de mi sector que no conozco a través de LinkedIn, enviando un mensaje personalizado basado en la 'Reciprocidad' (aportando un dato o artículo de valor), y conseguiré al menos un café presencial o virtual".

¿Ves la diferencia? Con la meta SMART, al final del día puedes decir "lo hice" o "no lo hice". No hay lugar para el autoengaño.

3. La Escalera de Exposición: Venciendo la Ansiedad Social

Si sufres de ansiedad social o ese miedo al rechazo que analizamos en la Parte 4, no puedes lanzarte a dar una conferencia para mil personas mañana. Eso sería como intentar levantar 200 kilos en peso muerto el primer día de gimnasio: te vas a romper.

Necesitas una **Escalera de Exposición Progresiva**. Elige una habilidad (por ejemplo, iniciar conversaciones) y divídela en peldaños:

1. **Peldaño 1:** Saludar al vecino del ascensor y mantener el contacto visual durante dos segundos.
2. **Peldaño 2:** Hacerle una pregunta abierta al camarero mientras te sirve el café ("¿Cuál es el secreto para que este café huela tan bien?").
3. **Peldaño 3:** Iniciar una charla de tres minutos con un desconocido en una cola o sala de espera usando el Rapport.
4. **Peldaño 4:** Asistir a un evento de networking y hablar con al menos tres personas nuevas.

Cada vez que subes un peldaño, tu amígdala aprende que no ha muerto nadie. El miedo disminuye porque la competencia aumenta.

4. El Diario de Campo

Como autor de 25 libros, sé que lo que no se escribe, se olvida. Te pido que lleves un registro de tus "entrenamientos" sociales. No hace falta que escribas El Quijote cada noche, basta con tres puntos rápidos en una libreta o en el móvil:

1. **¿Qué situación social he enfrentado hoy?** (Ej: Discusión con un compañero).
2. **¿Qué técnica he aplicado?** (Ej: Banco de niebla y escucha de Nivel 3).
3. **¿Qué he aprendido para la próxima vez?** (Ej: "Debo controlar mejor mi tono de voz al final de la frase").

Este ejercicio de **metacognición** es el que acelera el aprendizaje de forma exponencial. Estás obligando a tu jinete a analizar el comportamiento del elefante a toro pasado, preparando el terreno para la próxima batalla.

5. El Rol del Coaching en tu Progresión

Llegará un momento en que te estanques. Es normal. En el entrenamiento físico se llaman "mesetas". Es el momento en que los cambios ya no son tan evidentes. Aquí es donde la figura de un mentor o un coach se vuelve indispensable.

Yo no soy psicólogo, y eso me da la libertad de no centrarme en tu pasado, sino en tu ejecución presente. Un coach te ofrece esa "vista de pájaro" que te permite corregir el rumbo antes de encallar. Te ayuda a detectar esos "micromovimientos" de los que hablamos en el capítulo de Micro-Comunicación que tú mismo no ves. A veces, un ajuste de un 5% en tu lenguaje corporal o en tu forma de preguntar cambia el 100% del resultado.

6. La Dicotomía del Control como Seguro de Vida

Vuelvo al estoicismo porque es tu mejor armadura. Cuando salgas a practicar, tu objetivo **NUNCA** debe ser la reacción del otro.

- Si tu objetivo es "que el vecino me conteste amablemente" y el vecino tiene un mal día y te gruñe, sentirás que has fallado.
- Si tu objetivo es "saludar al vecino con educación y una postura abierta", habrás tenido éxito en cuanto abras la boca, independientemente de si él te contesta con una sonrisa o con un insulto.

Tu éxito depende de tu ejecución, no del aplauso ajeno. Epicteto decía que el sabio es como el arquero: pone todo su empeño en tensar bien el arco, en elegir la mejor flecha y en apuntar con precisión. Pero una vez que la flecha sale del arco, que dé en el blanco o que una ráfaga de viento la desvíe ya no está en su mano. Si la flecha no da en el blanco, el arquero no se fustiga; analiza si puede mejorar su técnica para el siguiente disparo. Haz tú lo mismo.

7. El Compromiso de los 30 Días

Te propongo un reto. Durante los próximos 30 días, vas a elegir una sola de las técnicas avanzadas de este Volumen 2 y la vas a aplicar a diario. Sin excusas. Sin saltarte ni un día. Si eliges el Rapport, sintoniza con todos, desde tu jefe hasta el repartidor de Amazon. Si eliges la asertividad, marca un límite diario, por pequeño que sea.

A los 30 días, tu cerebro habrá cambiado físicamente. Habrás creado una nueva vía neuronal. Y entonces, es cuando empezará la verdadera magia.

CAPÍTULO 12: La maestría social

Tu Identidad

Hemos recorrido un largo camino. Si el Volumen 1 fue el descubrimiento y el Volumen 2 ha sido el entrenamiento, esta Parte 6 es la **integración**. Aquí es donde las habilidades dejan de ser algo que "haces" para convertirse en algo que "eres".

1. Más allá de las técnicas: La Identidad

Llega un punto en la maestría donde ya no piensas en el Rapport, ni en la micro-comunicación, ni en las leyes de Cialdini. Simplemente, fluyes. Es como conducir un coche: al principio piensas en el embrague, en el espejo y en la marcha; después de unos años, vas de Gijón a Madrid y no te acuerdas de haber cambiado ni una sola vez.

Convertirse en un experto de las relaciones, significa que tu presencia comunica antes que tus palabras. Significa que has pulido tus aristas, has eliminado la necesidad de aprobación y has construido una integridad que se huele a kilómetros.

2. El Liderazgo Diamond: Elevar a los demás

La verdadera maestría social no se trata de lo que consigues de los demás, sino de lo que los demás consiguen gracias a ti. El carisma real no es el que hace que tú parezcas importante; es el que hace que **los demás** se sientan importantes cuando están contigo.

Como mentor, te digo que el éxito más grande que puedes alcanzar es convertirte en un referente de calma, seguridad y asertividad en tu entorno. Cuando hay un conflicto y todo el mundo pierde los papeles, serás tú el que mantiene la **ataraxia**, el que escucha a todas las partes y el que propone la solución ganar-ganar. Eso no se aprende en la universidad; eso se forja en la voluntad diaria.

3. El Legado: Relaciones que dejan huella

Séneca decía que *"mientras vivimos, debemos aprender a vivir"*. Y aprender a vivir es, en esencia, aprender a relacionarse.

Al final de tu vida, no recordarás cuántos correos electrónicos contestaste ni cuántas reuniones de Zoom tuviste. Recordarás las conversaciones profundas, las risas compartidas, los conflictos que supiste resolver con elegancia y la red de afecto y respeto que supiste tejer a tu alrededor.

Este Volumen 2 te ha dado las herramientas para que esas relaciones no sean fruto del azar, sino del diseño consciente. Has aprendido que no eres esclavo de tu amígdala, que tu lenguaje crea realidad y que la influencia es una responsabilidad ética.

4. El Viaje Continúa

No me defraudes. No te defraudes a ti mismo. Sal ahí fuera, comete errores, tartamudea si hace falta, pero no vuelvas a ser el espectador pasivo que eras antes de abrir la primera página del Volumen 1. El mundo necesita personas que sepan mirarse a los ojos, que sepan escucharse y que no tengan miedo de ser auténticas.

Como suelo decir, la vida es demasiado corta para vivirla con el freno de mano puesto. Quita el freno, mete primera y empieza a conducir tu propia vida social. Tienes el mapa, tienes la brújula y me tienes a mí como mentor en estas páginas siempre que lo necesites.

¡A por ello! El escenario es tuyo.

GLOSARIO DE MAESTRÍA SOCIAL
(VOLUMEN 2)

- **Acompasamiento (Pacing):** Técnica fundamental de Rapport que consiste en sintonizar con el ritmo del otro. No es imitar como un mono, sino adoptar sutilmente su velocidad de habla, su tono o su postura para que su sistema nervioso deje de verte como una amenaza y empiece a verte como un aliado.
- **Aikido Verbal:** Filosofía de comunicación inspirada en el arte marcial del mismo nombre. Consiste en no chocar contra la fuerza del ataque (la crítica o el insulto), sino en recoger esa energía y desviarla mediante preguntas o validaciones, dejando al "agresor" sin blanco al que golpear.
- **Amígdala:** Esa pequeña pieza de hardware prehistórico que tienes en el cerebro. Es tu radar de amenazas. En este volumen hemos aprendido que la amígdala no distingue entre un león y un silencio incómodo en una reunión. Tu trabajo es aprender a calmarla para que no secuestre tu capacidad de razonar.
- **Analfabetismo Emocional:** La incapacidad, muy común en la era digital, de leer las señales no verbales y los estados internos de los demás. Es la ceguera social que impide conectar de verdad más allá de los píxeles de una pantalla.

- **Asertividad:** El arte de decir tu verdad sin herir y de marcar tus límites sin pedir perdón. Es el punto exacto de equilibrio entre ser un felpudo y ser un dictador. Como vimos, es una habilidad técnica que se entrena, no un rasgo con el que se nace.
- **Ataraxia:** El estado de imperturbabilidad que buscaban los estoicos. Es esa calma chicha mental que logras cuando entiendes que lo que el otro piense de ti no está bajo tu control y, por tanto, no puede dañarte.
- **Banco de Niebla:** Técnica asertiva que consiste en dar la razón en parte a una crítica (aceptando que es una opinión o una posibilidad) para frenar la escalada del conflicto sin entrar a defenderse ni atacar.
- **Capital Social:** El verdadero patrimonio, es la suma de la confianza, la gratitud y los vínculos que has tejido en tu red. No es cuánta gente conoces, sino cuánta gente está dispuesta a ayudarte porque tú les has ayudado primero.
- **Coaching Esencial:** Mi metodología de trabajo. Se enfoca en la coherencia entre lo que eres y lo que haces. No es psicología (recuerda: **yo NO soy psicólogo**), es arquitectura del futuro y entrenamiento del rendimiento humano.
- **Congruencia:** La alineación mágica entre tus palabras, tu tono de voz y tus microexpresiones. Si eres congruente, eres creíble. Si no lo eres, el mundo detectará un "ruido" que destruirá tu carisma al instante.

- **Cortisol:** La hormona del estrés. Es el veneno que inunda tu sangre cuando te sientes juzgado o rechazado. El objetivo de este entrenamiento es reducir el cortisol mediante la técnica y la seguridad personal.
- **Dicotomía del Control:** El GPS del estoico. La capacidad de separar con un bisturí lo que depende de ti (tu esfuerzo, tu honestidad, tu preparación) de lo que no (el resultado final, la opinión ajena, el tráfico).
- **Efecto Foco (Spotlight Effect):** Ese sesgo cognitivo que te hace creer que eres el centro de todas las miradas y que todo el mundo nota tus errores. La realidad es que la gente está demasiado ocupada pensando en sus propios problemas como para fijarse en los tuyos.
- **Empatía Táctica:** Herramienta de negociación que consiste en reconocer y verbalizar la emoción del otro para desarmarlo. No necesitas sentir lo mismo que él, solo necesitas que él sepa que tú entiendes por qué se siente así.
- **Escucha de Nivel 3:** El superpoder de este volumen. Es la escucha global que no solo atiende a las palabras, sino a los silencios, a la tensión muscular y a la energía de la sala. Es escuchar con todo el cuerpo.
- **Etiquetado Emocional:** Técnica de persuasión y resolución de conflictos que consiste en poner nombre a la emoción del interlocutor ("Parece que estás frustrado por esto..."). Al hacerlo, la amígdala del otro se relaja y se abre la puerta a la lógica.

- **Glosofobia:** El miedo a hablar en público. Una respuesta biológica desproporcionada ante el juicio de la audiencia que se supera mediante la exposición gradual y la técnica de oratoria que hemos visto.
- **MAAN (Mejor Alternativa a un Acuerdo Negociado):** Tu seguro de vida en cualquier negociación. Es tener claro qué vas a hacer si no llegas a un acuerdo. Si tienes un MAAN sólido, tu poder en la mesa de negociación es infinito.
- **Mensajes "Yo":** Estructura lingüística para comunicar quejas o necesidades sin atacar al otro. Hablas de cómo te sientes tú ante un hecho, en lugar de juzgar la identidad de la otra persona.
- **Microexpresiones:** Destellos faciales involuntarios que duran una fracción de segundo y que revelan la emoción real antes de que el cerebro consciente pueda ocultarla. Son los "chivatos" de la comunicación.
- **Neuroplasticidad:** La capacidad de tu cerebro de recablearse. Cada vez que practicas una habilidad social, estás creando nuevas autopistas neuronales. El cerebro no es una piedra, es plastilina que tú moldeas con tu voluntad.
- **Oxitocina:** El pegamento químico de las relaciones. Se libera con el Rapport, el contacto visual honesto y la vulnerabilidad. Es el antídoto contra el cortisol.
- **Phubbing:** El acto de ignorar a la persona física que tienes delante por mirar la pantalla del móvil. Es el suicidio social más común y destructivo del siglo XXI.

- **Protocolo:** El lubricante de las interacciones. No son normas rancias, es el conjunto de reglas no escritas que permiten que la gente se sienta segura y respetada en contextos sociales y profesionales.
- **Rapport:** El estado de sintonía total. Cuando dos personas están en Rapport, sus sistemas nerviosos se sincronizan. Es la base necesaria para cualquier acto de influencia o persuasión.
- **Seguridad Psicológica:** El clima de confianza en un equipo donde nadie tiene miedo a ser juzgado por cometer un error o proponer una idea. Es el requisito previo para la sinergia real.
- **Sincericidio:** El acto de decir verdades hirientes sin filtros ni empatía táctica, bajo la excusa de "ser honesto". Es una falta de inteligencia social que destruye vínculos.
- **Small Talk (Charla Trivial):** El embrague de la comunicación. Son las conversaciones de bajo riesgo que sirven para chequear la seguridad del otro antes de pasar a temas más profundos.
- **Teoría Polivagal:** Marco científico que explica cómo nuestro sistema nervioso decide si estamos en un entorno seguro para conectar o si debemos entrar en modo defensa. Fundamental para entender el papel del nervio vago en la oratoria y el Rapport.

SOBRE EL AUTOR: José Ignacio Méndez

La Filosofía detrás del hombre

Si has llegado hasta este punto del Volumen 2, ya te habrás dado cuenta de que no soy un autor que se limite a reciclar teorías de otros. Lo que tienes entre manos es el destilado de una vida dedicada a observar, probar y, sobre todo, a ejecutar. Si el primer volumen fue una invitación a la introspección, este segundo paso ha sido una inmersión en la maestría de lo externo. Pero, ¿quién es realmente el hombre que te ha estado guiando por estos capítulos?

1. 1993-2026: Tres décadas de evolución constante

Mi historia no se entiende sin la perspectiva del tiempo. Empecé en el mundo del desarrollo personal en **1993**. En aquel entonces, el coaching era un territorio virgen en España, un murmullo que solo unos pocos alcanzábamos a comprender. Desde aquellas primeras sesiones analógicas hasta la hiperconectividad digital de hoy, he visto cómo las necesidades del ser humano han mutado, pero sus miedos fundamentales —el rechazo, la soledad, la inseguridad— siguen siendo exactamente los mismos.

He dedicado más de treinta años a ser el "arquitecto de soluciones" para personas que, como tú, sentían que su potencial estaba atrapado por muros invisibles. He pasado por todas las etapas: desde el aprendizaje técnico más riguroso hasta la creación de mi propio sistema de trabajo. No me considero un psicólogo (porque no lo soy), y lo digo con la honestidad de quien conoce sus límites; soy un **guía de campo**. Mi laboratorio no ha sido una clínica, sino las oficinas, las salas de reuniones y las sesiones de tú a tú donde los resultados no son una opción, sino una necesidad.

2. La Identidad Diamond: Rigor, Brillo y Resistencia

Muchos me preguntan por qué elegí el término **Diamond Coach (GCF)**. No es una cuestión de marketing, es una cuestión de naturaleza. Un diamante es, en esencia, carbón que ha soportado una presión extrema durante un tiempo prolongado. Esa es mi visión del ser humano: todos tenemos esa base, pero solo los que están dispuestos a pasar por el proceso de presión y pulido alcanzan ese brillo que llamamos maestría.

- **Rigor Técnico:** Mis certificaciones como Master Coach por el INACEC y Experto en Coaching por la UNED son solo el esqueleto. El músculo lo pone el análisis diario de la neurociencia aplicada y el estoicismo.
- **Autoridad Real:** Con **25 libros publicados** y **13 cursos online**, mi misión ha sido siempre la de democratizar la excelencia. No escribo para engordar mi ego, escribo para que tú tengas el mapa que yo no tuve cuando empecé.

- **Humildad de Aprendiz:** A pesar de los títulos y las décadas de experiencia, sigo siendo un estudiante. El día que un mentor cree que ya lo sabe todo, ese día deja de ser útil para sus clientes.

3. La Forja Diaria: El Hierro como Maestro de Vida

Si me buscas un día cualquiera a las siete de la mañana, no me encontrarás leyendo tratados de filosofía en un sofá cómodo. Me encontrarás en el gimnasio, peleando con los hierros. Para mí, el entrenamiento con pesas no es una cuestión de estética; es mi **ritual de disciplina**.

La nutrición y el entrenamiento son el reflejo de mi filosofía social:

- **La Resistencia es necesaria:** Sin carga, el músculo no crece. Sin situaciones sociales desafiantes, tu carácter no se fortalece.
- **La Técnica antes que el Peso:** Al igual que en la oratoria o en el Rapport, si intentas levantar más de lo que puedes con una técnica pobre, te lesionas. En la vida social, si intentas impresionar sin tener la base técnica de la comunicación, haces el ridículo.
- **Constancia:** El éxito no es el resultado de un entrenamiento heroico, sino de mil entrenamientos aburridos y constantes.

4. Cicatrices que Enseñan: Resiliencia en Tiempo Real

Como mencioné a lo largo de este volumen, la vida tiene sus propios planes. En julio de 2025, un accidente de moto puso a prueba cada palabra que he escrito sobre resiliencia. Las placas que hoy llevo en mi clavícula izquierda y en mi antebrazo derecho son mucho más que metal; son el recordatorio físico de que el Coach debe saber reconstruirse cuando el mundo lo rompe.

Hoy, mientras sigo en mi proceso de rehabilitación, mi enfoque ha ganado una profundidad que antes no tenía. He aprendido que la verdadera comunicación no es la que se hace desde la fuerza absoluta, sino desde la vulnerabilidad gestionada. Mi accidente no me ha hecho más débil, me ha hecho más agudo a la hora de detectar el dolor y la lucha en los demás. Si yo puedo seguir entrenando el cuerpo y la mente con placas de metal en los huesos, tú puedes enfrentar esa conversación que tanto te aterra.

5. Un Mentor con Ironía y Criterio

No soporto la solemnidad vacía. Creo que se puede tratar lo más serio de la vida con un toque de humor y una ironía elocuente que desmonte los pedestales donde a veces nos subimos. Mi trato contigo en estas páginas es el mismo que tendríamos frente a un café en Gijón: directo, auténtico y sin paños calientes.

Mi vida personal es mi anclaje. Estoy casado con una mujer maravillosa, mi compañera de viaje y mi mayor apoyo. Mis hijos, ya independientes, son el motor silencioso que me recuerda por qué es tan importante construir un legado de coherencia. En casa no soy el " Coach", soy simplemente Jose, un hombre que valora el silencio, la lealtad y una buena charla después de entrenar.

6. Tu conexión directa conmigo

Este libro no es el final de nuestra relación, es solo una etapa más. Mi ecosistema digital está diseñado para que no camines solo. Si sientes que has llegado a una meseta en tu desarrollo o si necesitas esa "vista de pájaro" profesional para desbloquear un área de tu vida, aquí es donde podemos encontrarnos:

🌐 www.joseignaciomendez.com

Conclusión final

Ser un Diamond Coach no es un título que se cuelga en la pared; es una forma de estar en el mundo. Es la decisión de no conformarse con la mediocridad social, de no ser un zombi digital y de tener el valor de ser auténtico en un mundo de máscaras.

Gracias por permitirme ser tu guía en este Volumen 2. Recuerda que las placas de metal se sueldan con el hueso, y el conocimiento se suelda con la acción. No dejes que estas palabras se enfríen. Sal ahí fuera y empieza a brillar.

Nos vemos en la arena.

BIBLIOGRAFÍA RECOMENDADA

Esta lista no es para que la ignores; es tu mapa de consulta para cuando quieras profundizar en los pilares técnicos y filosóficos que hemos entrenado.

- **Aurelio, M. (2012).** *Meditaciones.* **Madrid: Alianza Editorial.**
  - El diario personal de un emperador sobre cómo mantener la ataraxia y liderar con valores en un mundo caótico.
- **Brown, B. (2016).** *El poder de la vulnerabilidad.* **Madrid: Arpa.**
  - Un análisis sobre cómo la capacidad de mostrarse humano es la herramienta más potente para conectar con los demás.
- **Carnegie, D. (2009).** *Cómo ganar amigos e influir sobre las personas.* **Barcelona: Elipse.**
  - El gran clásico que asienta las bases de la validación y el interés genuino por el interlocutor.
- **Cialdini, R. (2014).** *Influencia.* **Madrid: Ilustre.**

- La biblia de la persuasión técnica basada en los seis resortes psicológicos que mueven el comportamiento humano.
- **Clear, J. (2020).** *Hábitos Atómicos.* **Barcelona: Diana.**
  - Un manual práctico para usar la neuroplasticidad a través de pequeños cambios que consolidan una nueva identidad social.
- **Covey, S. (2011).** *Los 7 hábitos de la gente altamente efectiva.* **Barcelona: Paidós.**
  - Un pilar del desarrollo personal que introduce el concepto vital de la cuenta bancaria emocional en las relaciones.
- **Duhigg, C. (2019).** *El poder de los hábitos.* **Barcelona: DeBolsillo.**
  - Explica la mecánica cerebral del bucle señal-rutina-recompensa para entender por qué actuamos como lo hacemos.
- **Dunbar, R. (2012).** *¿Cuántos amigos necesita una persona?.* **Madrid: Alianza Editorial.**
  - Investigación sobre los límites biológicos de nuestras redes sociales y el origen de nuestra inteligencia colectiva.
- **Edmondson, A. (2020).** *Organizaciones sin miedo.* **Madrid: Conecta.**
  - El estudio definitivo sobre la seguridad psicológica como base indispensable para que cualquier equipo funcione.

- **Ekman, P. (2017).** *El rostro de las emociones.* **Barcelona: RBA Libros.**
  - La guía técnica para aprender a leer las microexpresiones faciales y detectar la verdad detrás de las palabras.
- **Epicteto. (2015).** *Manual de vida.* **Barcelona: Paidós.**
  - La obra fundamental para entender la dicotomía del control y dejar de ser esclavos de la opinión ajena.
- **Goleman, D. (2006).** *Inteligencia Social.* **Barcelona: Kairós.**
  - Un viaje por la neurobiología que explica cómo nuestro cerebro está literalmente diseñado para conectar con otros.
- **Kahneman, D. (2012).** *Pensar rápido, pensar despacio.* **Madrid: Debate.**
  - Analiza los dos sistemas de pensamiento y cómo los sesgos cognitivos sabotean nuestra toma de decisiones.
- **Lencioni, P. (2003).** *Las 5 disfunciones de un equipo.* **empresa activa: Barcelona.**
  - Una fábula que disecciona los errores fatales en la colaboración y cómo construir equipos de alto rendimiento.
- **Navarro, J. (2010).** *El cuerpo habla.* **Barcelona: Sirio.**
  - Explicación del lenguaje no verbal desde la experiencia de la inteligencia criminal aplicada a la vida cotidiana.
- **Rosenberg, M. (2013).** *Comunicación No Violenta.* **Buenos Aires: Gran Aldea.**

- El método para expresar necesidades y límites sin generar defensividad ni conflicto en el interlocutor.
- **Séneca, L. A. (2013).** *Cartas a Lucilio.* **Madrid: Cátedra.**
  - Sabiduría estoica atemporal sobre la importancia de elegir bien las amistades y cultivar el carácter.
- **Sinek, S. (2014).** *Los líderes comen al final.* **Barcelona: Empresa Activa.**
  - Una visión sobre cómo la biología del liderazgo se basa en crear círculos de seguridad para el grupo.
- **Voss, C. (2016).** *Rompe la barrera del no.* **Barcelona: Conecta.**
  - Negociación de alto nivel que utiliza la empatía táctica para llegar a acuerdos en situaciones de máxima tensión.
- **Watzlawick, P. (1981).** *Teoría de la comunicación humana.* **Barcelona: Herder.**
  - El texto técnico indispensable sobre los axiomas de la comunicación: es imposible no comunicar.

www.ingramcontent.com/pod-product-compliance
Lightning Source LLC
LaVergne TN
LVHW051949060526
838201LV00059B/3575